Google
流疲れない
働き方

谷歌人
不疲倦的
工作术

Piotr Feliks Grzywacz

［波］彼得·费利克斯·格日瓦奇 —— 著

吴怡文 —— 译

中国友谊出版公司

图书在版编目（CIP）数据

谷歌人不疲倦的工作术 /（波）彼得·费利克斯·格
日瓦奇著；吴怡文译 . -- 北京：中国友谊出版公司，
2024.1

ISBN 978-7-5057-5748-6

Ⅰ. ①谷… Ⅱ. ①彼… ②吴… Ⅲ. ①工作方法
Ⅳ. ① B026

中国国家版本馆 CIP 数据核字 (2023) 第 226159 号

著作权合同登记号　图字：01-2023-5303

GOOGLE-RYU TSUKARENAI HATARAKIKATA
Copyright © 2018 Piotr Feliks Grzywacz
Chinese translation rights in simplified characters arranged with SB Creative Corp., Tokyo
through Japan UNI Agency, Inc., Tokyo and CA-LINK International LLC (www.ca-link.com)

书名	谷歌人不疲倦的工作术
作者	［波］彼得·费利克斯·格日瓦奇
译者	吴怡文
出版	中国友谊出版公司
发行	中国友谊出版公司
经销	新华书店
印刷	河北鹏润印刷有限公司
规格	880 毫米 ×1230 毫米　32 开
	6 印张　104 千字
版次	2024 年 1 月第 1 版
印次	2024 年 1 月第 1 次印刷
书号	ISBN 978-7-5057-5748-6
定价	45.00 元
地址	北京市朝阳区西坝河南里 17 号楼
邮编	100028
电话	（010）64678009

自　序

太过疲惫的日本人

我出生于波兰，自 2000 年开始在日本工作，至今已有 20 余年。

定居日本之前，我曾旅居过德国、荷兰、美国等国家。在长时间的旅居生活中，我没能在除日本外的任何一个国家真正安定下来。我选择定居日本的最重要的原因是：我喜欢这个国家的文化。在这些美好的文化中，最让我感动的，除了飘散着安静气息的美丽文物和景色外，还有"款待"他人的心意。

在日本，每个人都怀有款待他人之心，不论在料亭这样的高级日料餐饮店还是在乡下小镇，不管你是本国人还是外国人，大家都会对你非常亲切。对于日本人来说，款待别人似乎是理所当然的。在这个世界上，也许再也找不到第二个这样的国家。我认为，这是一种傲视全球的、堪称世界遗产的款待文化。然而，一说到"工作"，日本人便再也无法傲视全世界。据我观察，似乎每位日本职场人士都筋疲力尽，对工作极其厌烦。

养命酒制造株式会社曾在 2017 年进行过"于东京工作的商务人士之疲倦实态调查"。这份调查的对象是 1000 名在东京工作的 20~59 岁的商务人士。在这 1000 名商务人士中，有 80% 的人认为"自己在工作中总是感觉很疲倦"，如果仅看 40~49 岁这一阶段，认为自己"很疲倦"的人甚至高达 85.8%。久经职场的中年人在一天的辛勤工作后感到疲倦是理所当然的，但调查结果显示，在 20~29 岁这个年富力强的年龄阶段，有 70% 的人表示即使晚上睡了一觉，第二天依然感到疲劳，而有 60% 的人认为"自己处于即使想要放松也做不到"的过度紧张状态。

为什么日本人会这么疲倦呢？

大约在 10 年前，我任职于一家外商投资公司，同一楼层还有家大型日本企业，这家日企的入口采用开放式设计，大大的落地窗使公司内部景象清晰可见。

每一个路过这家企业的人都能看到同一幅场景：办公桌摆放得密密麻麻，员工被挤在狭小的空间里缩着身子工作。与这家日企相反，我当时任职的公司不仅为员工提供了私密性很强的办公空间，还将办公室里桌子与桌子之间的空隙留得很大，方便我们出入。每位员工的办公桌都很大，上面还可以放自己的书籍和照片。每次看到那家日企员工"像沙丁鱼一样被挤在一块儿"，我都深表同情。不仅如此，那家日企的员工似乎总是绷着一张脸，那紧绷的表情与其说是专注，倒不如说是紧张。

经过这家公司门口时，我总会想："老是这样绷着一张脸，到底是在做什么工作呢？"

一到中午，那家公司便会响起午休铃声。然后，员工一起起身，按顺序一个接一个地走到电梯前，去楼下吃午餐。到了下午1点，所有人又一起回到公司。

这情形总是让我非常困扰，每当我想外出时，若运气差一点，正好赶上那家公司的员工排队乘电梯，我就必须在他们后面等上许久。

这样说或许不太礼貌，但我真心认为，这种没有效率的工作方式就像在坐牢。

即使长时间工作也没有成果

"就算没日没夜地工作，我的薪水也不会变多。"

"工作时间如此长，如果没有加班费，我实在很难维持生活。"

在压力如此大的社会，应该有不少人会这么想吧。

根据日本生产率总部发布的《劳动生产率国际比较研究报告（2017）》显示，2016 年日本每小时的劳动生产率为 46 美元，约为美国的 60%；在经济合作与发展组织（OEDC，即经合组织）的 30 多个成员国中，日本排名第 20，大约是排名第一的爱尔兰（95.8 美元）的一半。日本的人均劳动生产率为 81777 美元，在 OEDC 中排名第 21，连居首位的爱尔兰（168724 美元）的一半都不到。

　　国际货币基金组织（IMF）的数据显示，2016 年，日本的 GDP 排名虽然位居全球第 3，但其生产力低到惨不忍睹，日本人均 GDP 在全球仅排第 22 位。

　　每小时劳动生产力指"每工时所创造的附加价值"。根据上文的数据我们基本可以断定，日本职场人的工作可以说非常没有效率。

　　可能有在日本职场工作的人想说："我已经非常努力了！"或者认为自己已经做得筋疲力尽了，却仍拿不出工作成果。

　　我理解大家的心情，但事实往往很扎心，那就是：正因为你总是筋疲力尽，所以才无法拿出成果。

为什么总是在玩乐的谷歌员工可以有极高的产出

　　过去，我曾在摩根士丹利（Morgan Stanley）公司及谷歌公司等跨国企业工作。其中，在位于硅谷（Silicon Valley）的谷歌总公司，员工的工作方式给我留下了非常深刻的印象。许多员工会在工作时间打排球或是在公司楼下慢跑。谷歌总公司的员工怎么会这么轻松自在呢？

或许有人认为："一定是因为谷歌很赚钱，所以员工才能这样轻松自在。"

事实并非如此。

我在前面提到，每小时劳动生产力指"每工时所创造的附加价值"。换句话说，就工作而言，最重要的是创造了多少附加价值、有多少产出，而不是在公司待了多久。

谷歌总公司的员工并不是在上班时什么事都不做只顾着玩乐也可以领薪水，他们玩乐是为了调整身心状态，力求创造最大产出。也就是说，打排球其实和工作有关。

就职于日本企业的上班族多半认为，在办公桌上完成的工作才是"工作"。因此，想要有极高的产出，日本上班族就必须打破这个深植于心中的"常识"。

能量管理

读完上述这段话，我想很多人会说："我午休时间没办法打排球！"

确实，有很多企业不具备让员工在休息时间打排球的条件。所以，我为大家介绍了一个谁都可以使用的能缓解疲劳的方法——管理自己的能量。

我在前文中提到，在工作中重要的是"增加产出、提高生产力"。

在谷歌，员工为了维持高生产力，会从以下 4 个方面着手：

◆ 身体能量
◆ 情绪能量
◆ 专注能量
◆ 精神能量

换言之，他们认为人类的能量分为 4 个层次，而提高生产力就需要调整这 4 个方面。在谷歌，员工会被要求"管理你的能量"，同时，公司会组织人力对此进行研习，而我也曾担任他们的讲师。

第一点中的身体能量，乃是针对饮食、睡眠等进行研究，再回馈给员工。

第二点中的情绪能量很容易受到健康的影响。比如：头痛时无法积极工作；疲倦时，就算只做一点点工作也会感到焦躁不安。因此，管理情绪能量最重要的就是要掌控自己的身体状态，以健康的方式生活，并展现出积极的生活态度。

第三点提到的专注能量在职场上越来越受到重视。在信息爆炸的时代，如何集中注意力已经成了一项重要的研究课题。本书除了介绍进入"心流（flow）"状态以提高专注力的方法，也会提供其他能让你专心工作的方法。

第四点中的精神能量指"调整工作的核心"。我们要建立一个可以让自己专注追求的目标，从更广义的角度来说，专注的目标是让自己做到"不疲倦地工作"的关键。

就个人而言，管理能量主要从以上4个方面入手，但对团队来说，只提升这4个方面还不够，还要加上"心理安全感"等要素，然后不断努力，以提高全体员工的工作水平。

在过去的工作观念中，我们总是过于重视"时间管理"，以至于在追求效率的同时忽略了自我感受。通过"能量管理"找到更适合自己的工作方式，不仅能提高工作效率，还能大幅提升自我成就感。

上述几点似乎看起来没什么了不起的，但实践出真知，希望大家务必试着将这几点融入自己的工作中。

前　言

"每天的工作结束后，疲惫感就会一拥而上，占领我的精神世界。"

"就算周末休息两天，也无法完全消除身体上的疲劳。"

"工作这么努力却看不到成果，望着逐年提高的工作目标，我感到筋疲力尽。"

正在阅读本书的读者，可能有不少人每天都面临这些问题吧。

谷歌（Google）在全球一共有十几家分公司，坦白说，我觉得在这些分公司中，日本分公司的上班族最为疲倦。每个国家的职场人都十分努力，但和其他国家相比，日本分公司的生产力却是偏低的。明明这么努力却见不到成果，也难怪日本上班族会身心俱疲。

我之前在谷歌公司任职，了解到这是一家对员工要求十分严格的公司。

我在 2017 年出版的《Google 工作法》一书中提到，谷歌公司要求员工在相同时间内做出 10 倍的成果，而且因为公司里的优秀人才有很多，所以员工之间会有某种程度的竞争。

由于谷歌非常重视员工的工作效率，因此，公司推崇"不疲倦的工作方式"。比如，谷歌为员工提供了思维训练课程，让员工能够在工作之余放松身心。不仅如此，谷歌的员工餐厅还准备了健康可口的食物，以维持员工的身体健康。

谷歌除了关注员工的身体健康和心理健康，也重视工作团队的发展。谷歌公司进行了一个名为"亚里士多德计划"（Project Aristotle）的研究，分析什么样的团队具有较高的生产力。研究结果表明，去除心理压力（令人感到疲倦的主要因素）后可得到较高的生产力，并进一步打造出"心理安全感"较高的团队。

在本书中，我以在谷歌公司学到的"不疲倦的工作方式"为基础，将立即能产生效果的工作观念和工作方法传授给大家。

伦敦商学院教授琳达·格拉顿（Lynda Gratton）在其著作《百岁人生》（*The 100-year Life*）中指出：为了让自己安然度过漫长的人生岁月，除了维持基本的身心健康，最好也要在工作以外拓展自己的世界。

我由衷地希望，我在书中分享的"不疲倦的工作方式"能给各位带来些许启发。

　　　　　　　　　　　　　彼得·费利克斯·格日瓦奇

目　录

自　　序 / I

前　　言 / IX

第 *1* 章

聚焦专注力管理，让个人效率飙升

心流状态：稳定高水平专注力，让创造力翻倍 / 003

改变环境：4 个技巧快速集中注意力，成为职场"高产者" / 015

抓住主导权：掌握"不被对方牵着鼻子走"的艺术 / 022

营造氛围：别让"低效氛围"影响自己的工作表现 / 030

第 *2* 章

优化能量与情绪管理，稳赢工作"冲刺赛"

能量管理：调整到最佳状态，才能顺畅工作 / 035

心态管理：制定"例行规则"，减轻困难带来的不适感 / 044

精力管理：巧用"冲刺"工作法，开发惊人爆发力 / 048

情绪管理：避免"被动式攻击"，营造和谐的沟通氛围 / 057

价值管理：最大化工作贡献，让自己"职场身价"倍增 / 060

第 *3* 章

4 个好习惯缓解疲劳，提升工作"续航"力

健康饮食：胃口得到"满足"，大脑才能高效运转 / 065

适时小憩：让绷紧的神经放松，就会有更好的表现 / 082

养"睛"蓄锐：4 个技巧缓解眼疲劳，重新唤醒活力 / 087

坚持锻炼：用"轻运动"改善疲惫的工作状态 / 089

第 *4* 章

7 步创造领先条件，打造不疲倦的团队

找原因：3 招体察心理需求，掌握职场人际关系密码 / 095

找差别：扫清氛围压力，团队生产力最大化 / 106

做团建：告别"形式主义"团建，建立可信赖的团队 / 117

重职责：2 个关键重建领导力，"帮"下属把事做好 / 123

解疑惑：及时解答下属疑问，掌握建设性沟通法 / 132

调心态：肯定自我价值，摆脱沟通疲倦 / 137

重参与：激发成员责任心，打造有归属感的团队 / 141

第 5 章
掌握不疲倦工作法

改变工作方式，让人生幸福翻倍 / 149

结　　语 / 167

第 *1* 章

聚焦专注力管理，让个人效率飙升

◀◀▶心流状态：稳定高水平专注力，让创造力翻倍

在传统的办公模式中，职场人的办公地点和上班时间都受限于公司的管理制度，例如：工作要在工位上进行，工作时间从早上 9 点到下午 5 点等。

事实上，这种大家都在相同的场所和时间工作的办公模式和在工厂上班没什么两样，属于一种流水线式的管理模式。

但在现在以及未来的职场中，这种流水线式的管理模式并不适用。面对新的经济形势，白领阶层需要更多创造力。

针对这一点，重要的是：

◆ 管理自己的"专注力"。
◆ 管理自己的"能量"。

谷歌的某位高管曾说："一流工程师能创造出的价值是

普通工程师的 300 倍。"这体现了专注力的差别。此外，通过能量管理使专注力达到较高阈值，他/她也可以在"不疲倦"的状况下拿出更好的工作成果。

在第 1 章，我将为大家阐释如何提高专注力，第 2 章则讲解如何对能量和情绪进行管理。

何为心流状态

怎么做可以提高产出呢？答案十分简单，那就是专注。

人类的大脑无法一次学习太多事物，只能专注于"当下的瞬间"。大脑想到过去、现在、未来的某个时刻或某件事情时，意识就会往那个瞬间去。当我们的大脑处于工作状态时，如果有人来跟我们说话或分派其他任务，意识便会出现波动，专注力也会被破坏。

想提高生产力，他/她就必须做到工作时不四处张望、不被杂念干扰，只专注于"当下的瞬间"，这才是最具效能的工作术。

听了上面这些话，可能有人会说："本来就应该这样啊，而且，我们从上学开始，不就一直被老师要求专心吗？"事实确实如此，但在以前的学习中，我们只会遵守老师的教导，并不知晓其中的原理。当大脑的运作成为科学研究的对象后，成果与运作机制的联系也会变得更加明显。

大家应该都有过这样的经历：当你全神贯注地埋头于工作、兴趣或某项任务时，你甚至感觉不到时间的存在，等回过神来，才发现已经过了好几个小时。心理学上称这种状态为"心流状态"。进入心流状态时，因为意识被调整到最佳状态，所以你能有最佳表现，同时还会产生充实感和自我满足感。

提出"心流"这个概念的米哈里·奇克森特米哈伊（Mihaly Csikszentmihalyi）博士曾说："一个人若能进入心流状态，不管再困难的事都有可能完成。那种感觉使你忘记自我、忘记时间，只专注于正在做的事情与自我之间的联系。"

进入心流状态的人会有绝佳表现

奇点大学（Singularity University）曾针对"心流状态"进行过名为"心流基因体计划（Flow Genome Project）"的跨学科研究，研究结果显示，人在进入心流状态后：

◆ 创造力、解决问题的能力会提升 4 倍。

◆ 学习新技术的速度会增加两倍。

◆ 大脑会分泌提高动力的 5 种脑类物质：去甲肾上腺素、多巴胺、内啡肽、大麻素、催产素。

◆ 不再感到疼痛或疲劳。

长时间低效率工作会让人感到非常疲倦，但若能进入心流状态，他／她就可以做到"不疲倦地工作"及"短时间内有高产出"。

在受到职场人士的关注之前，"心流"这一概念常在运动领域被提及，比如，解释某一运动员有绝佳的表现时，会提到他处于心流状态，现在，心流在商业界也受到相当高的关注。

麦肯锡在一项调查中发现，经营者进入心流状态，可将公司的生产力提高至原来的 5 倍。因此，若想创造极高的附加价值和工作成果，不只是个人，整个团队都必须进入心流状态。此外，心流状态的效果不只影响当下。哈佛大学泰瑞莎·阿马比尔（Teresa Amabile）教授的研究表明，"一个人在进入心流状态的第二天会有更强的创造力"。因此，我们可以得出这样一种结论——心流状态具有持续提高创造力的效果。

生产力提升两倍的秘诀——进入心流状态 90 分钟

心流状态有数不尽的好处，然而中止后想再度回到心流状态，最短需要 15 分钟。

我想大家应该都有过这样的经历：难得工作正做得起劲，却被领导分派了其他工作，结果节奏被打乱了。

调查结果显示，在理想状态中，要取得有效的工作结果，知识工作者一天当中最好可以有 30%~50% 的时间是不受任何干扰的。但是，大家应该也明白，一天中很难有这么多可以集中精神的时间。

按照研究"心流基因体计划"的主持人史蒂芬·科特勒（Steven Kotler）博士的说法，每位职场人士一天平均只有 5% 的时间可以进入心流状态。换言之，假设一天的工作时间为 8 小时，每个人每天只有不到 30 分钟的时间可以进入心流状态，甚至有很多人连这 30 分钟都没有。而且，美国微软公司的调查结果显示，2000 年，人的专注力平均持续时间为 12 秒，到了 2013 年却变成 8 秒。科特勒博士假设，如果每人每天有 15%（以每日工作时间 8 小时为例）的时间可以进入心流状态，那么心流状态的持续时间大约是 1.5 小时，即 90 分钟，与前述 5% 的心流时间相比，工作生产力提高了两倍。

因此，打造出让员工不受干扰、进入心流状态的工作环境，是提高生产力的关键。

进入心流状态的 17 个条件

我们已经知道了可以通过进入心流状态提高生产力，问题是：到底怎么做才能进入心流状态？也许有人会说："如果可以随时随地集中注意力，那我们每天就不用这么辛苦了！"然而，有的时候，急于集中精神，人反而会更加无法专注。

在日本，有越来越多的人关注对心流的研究，人们也逐渐了解到进入心流状态是有条件的。前文提到的科特勒博士认为，进入心流状态共需要 17 个条件，其中，个人条件 7 个、团队条件 10 个，论述如下：

·个人进入心流状态的 7 个条件

心理条件：为了将意识集中于当下所需做的调整

1. 制定明确的目标：让自己明白"现在正在做什么事""为什么要做这件事"。

当你正在做一项工作，光是让自己意识到"为什么要做这项工作"，就可以提高注意力。如果能将正在做的事和必须做这件事的原因写在工作手记或待办事项中，你的目标会更加明确。

2. 实时反馈：当你有了明确的目标，你还需要实时关注

"如何把这项工作做得更好"，了解结果与行动之间的因果关系。

用过辅助学习软件的朋友应该有过这种体验：当你写出答案后，马上就能得到反馈——立即就能知道答案的对错以及答错的原因。在下一次的学习中，你会自发地下更大的功夫，以得到正确答案。这种实时反馈模式到了工作上，则表现为定期回顾工作表现和检查工作结果，来判断自己在这段时间内的情况。

3. 难易度和能力的适当平衡：将工作的难易调整到不令人畏惧，只要稍微努力一点就可以做到的程度。

如果总是做一些简单的事，时间久了你可能会觉得无聊，反而无法集中精神。工作时，偶尔将目标设定得稍微高一点。比如说，在 40 分钟之内完成平时需要花费 1 个小时才能做完的工作。

环境条件：调整周边环境

4. 影响甚巨的目标设定：设定高风险、高回报的挑战。

越是挑战高风险、高回报的工作，就越能加强紧张感。若有机会，你不妨主动尝试做这类工作。

5. 打造让人满心期待的环境：创造兼具"崭新性""不可预测性"和"复杂性"这 3 个要素的环境。

在做了许多例行工作后，偶尔完成一项新颖又在意料之外的或复杂的工作，会让人更有成就感。相较于从事例行事务的人，每天接受不同刺激的人会怀着期待的心情上班，而且也会因为尚未熟练掌握工作内容而保持饱满的专注力。

日本小田原地（Hamee）公司为让员工有一个充满趣味的办公环境，将几间办公室打造成了不同的风格，每个风格都有对应的名字。比如，取名为"杜拜"的房间属于阿拉伯风格，名为"卡萨布兰卡"的房间则设计成了度假别墅风。光是身处这种让人充满期待的工作环境，就足以激发员工的想象力和创造力。

6. 创造可以使人全身心投入工作的环境：如果能在公司创造一个让员工自由活动、充分调动五感的工作环境，那么员工会更好地投入工作。

在完成工作任务的过程中，员工通常需要进行大量的思考。如果员工能一边书写一边思考，嘴里一边念着一边思考，或是一边走路一边思考，相信我，好点子会如泉涌般从大脑中流出来。在行动中思考，可以进一步提高专注力。

创造性条件

7. 发现模式、破坏模式。

处理棘手问题时，我们会将注意力集中到当下面临的问题上，但当我们找出这个问题的规律，能从容面对麻烦时，注意力就会分散，我们也会因缺少专注力而开始懈怠。因此，在完成任务时，我们可以遵循一般的、足以解决问题的工作模式，也可以不局限于已经得心应手的工作模式，尝试寻找其他解决问题的方式，这是让心流状态保持下去的秘诀。

·团队进入心流状态的 10 个条件

社会性条件

1. 明确的共同目标：所有员工都应该清楚整个团队的共同目标。

在谷歌，每周五都会举办活动，全体员工都可以参与，活动气氛非常热烈。高管会在活动上发表充满激情的演讲，演讲主题包括：社会会发生什么样的转变？为什么是由我们来做这件事？这些鼓舞士气的演讲总能让团队融为一体。

2. 良好的沟通：定期给予回馈，进行良好的沟通。

在职场上，良好沟通可以让大家感到安心，也是专注于工作的基本，这一点在后面的章节中也会介绍。在谷歌公司，"给对方好的影响"这件事，是员工进公司第一年就要遵守的原则之一。

3. 掌控感：只有在能完全掌控的领域，员工才拥有完成任务的信心和挑战高目标的勇气。

如果员工无法在工作中获得掌控感，企业中就会有越来越多"不会自主思考"的员工。

4. 意识到风险的存在：勇于做有风险（失败的可能性较大）的事。

身为团队成员，必须有一起承担风险的心理准备。从事没有风险的工作时，人的潜在能力无法得到尽情发挥。团队中，只要有一个成员认为"这项任务与我无关"，不去承担风险，团队的心流状态就会被瞬间破坏。避免让团队的心流状态被破坏的关键是：让所有员工产生一起承担风险的紧张感。

5. 严格：在严格的环境中创造自我。

团队的领导者必须给成员制定一致的行动标准，让员工在严格的环境中创造自我，并逐步建立起一个严谨的、专业的团队。

6. 平等的参与：团队的每个成员在项目中必须负担同等的任务。

员工的不满来自公司的不平等对待，这是每个管理层都应该注意到的问题。

7. 共同语言：基于团队中彼此了解的、特定的沟通风格。

所谓共同语言，简单来说，就是可以连接彼此的想法、宛如暗号般的东西。有了共同语言，员工不再需要花时间反复确认自己有没有融入团队，他们相信自己是团队中的一员，并安心投入工作。有这样一个例子：在煤炉（Mercari）这家日本企业，公司的企业文化之一是"放手去做！（GO BOLD！）"，这句话经常出现在员工们的日常对话中。当众人犹豫不决时，这一共同的企业文化支撑他们做出比较大胆的选择。

8. 抛却自我：整个团队都变得谦虚。

如果某个团队的成员只在意自己的表现，与其他成员在如何独占成果上彼此竞争，该团队是绝对无法进入心流状态的。团队能进入心流状态的重要一点就是：团队成员抛却自我、学会谦虚，专注于整个团队的成果。达到共同的目的，从心底里认同彼此，具有高度心理安全感的团队是这一切的基础。

9. 倾听：养成专心听彼此意见的习惯。

人处于"对方愿意专心听自己讲话"的状态，能全身心投入对想法或意见的陈述中。因此，如果在团队中可以形成不论何时都能专心倾听彼此意见的工作氛围，新的点子就会源源不断地从成员头脑中涌现出来。

10. 对话时，一定要从"确实如此，除此之外……"开始。

倾听之后，就进入彼此尊重的沟通环节。对话时，一定要从"确实如此，除此之外……"开始，这么一来，不管是谁、说了什么话，都可以被活用并得出结论。意见被倾听并采纳所带来的心理安全感和满足感，可以使员工保持积极的工作态度。

看到这里，也许有人会惊讶地说："进入心流状态的条件竟然有 17 个！"也会有人觉得自己已经非常努力了，但还是无法进入心流状态。只要一提到心流，他们就会认为那是一种非常高尚、可望而不可即、就算努力也无法达到的境界。日本庆应大学研究所系统设计与管理研究科，针对心流进行研究的世罗侑未女士推翻了这个想法。她的研究以上述 17 个条件中的个人心理条件为基础，归纳出人即使在从事"非嗜好课题"（自己不喜欢的课题或工作）时，也可以进入心流状态的结论。

她的研究结果证明了，这 17 个条件就算不能进行全部调整也没关系。即使环境不能改变，并且无法马上改变团队的状态，个人还是可以通过努力有目的地达到心流状态。

"重要的是保持好奇心，然后全神贯注"，这是我在每次演讲时一定会说的开场白。只要你在每个时刻都能保持好奇心、全神投入，就会出现好的循环而非坏的循环。在那个时候，个人的人生选项也会跟着增加。

◀▶ 改变环境：4个技巧快速集中注意力，成为职场"高产者"

至此，我们知道进入心流状态需要一个使员工不被干扰的环境。因此，我们首先必须打造一个这样的环境。

睛姿（JINS）公司为了让眼镜在医学发展中发挥作用，进行了一系列与"人的工作表现"相关的调查。最终，睛姿公司成功研发出能实时监测佩戴者身体状况的智能眼镜（JINS MEME）。

令人惊讶的是，以"职场人士什么时候最专注"为主题的调查结果显示，员工在公司时专注力最低。而在"在什么样的环境下工作效果最好"的调查中，很多人认为在隔绝所有信息的空间里工作时，工作效率是最高的。

在很多公司里，每个员工都有固定座位。然而，在随时有人跟自己说话或是被突然分派任务的环境中，员工可能无法专心工作。为了让员工有最好的发挥，最好能允许他/她根据工作内容自主调整工作环境。

在谷歌公司和雅虎公司，员工可根据自己的需求来选择工作场所。比如，员工除了可以在会议室办公，还可以躲起来独自工作，疲倦的时候也可以在公司的茶水间或餐厅休息。

这样的公司或许不是太多，但我认为，就算公司没有建立起这样的机制，员工也可以在公司中打造一个"属于自己的角落"。例如，这些角落可以不是自己的固定座位，如会议室或会议桌等。想在不被任何人打扰的状况下工作或是想打个小盹儿时，如果有一个这样的角落，员工就可以暂时躲起来，好好调整自己的工作节奏。

我也打造了自己喜欢的几个空间，当感觉工作节奏乱了或无法集中精神时，就会去那里躲起来。

如果你在公司里找不到这样的地方，公司外的咖啡厅也可以。最近，越来越多的人在公司以外的地方找到一个属于自己的角落。曾出版《动机革命》（《モチベーション革命》）和《平台》（《ザ・プラットフォーム》）等书的尾原和启先生在谷歌任职时，似乎也经常去森美术馆处理工作。

如果找不到合适的可以让自己保持平静的场所，可以考虑是否要付费租借场地，当作对自己的投资。例如，参加付费的会员制图书馆或租用付费自习室当作工作空间。这样的投资听上去好像没什么用处，但和身处备感压力、无法集中注意力的环境相比，租用付费场地是更好的选择。

日本企业的员工普遍有"工作应该在公司做"的强烈意识，导致很多人不想离开自己的座位，但如果可以在安静舒适的地方工作，精神比较容易集中，自己也会有更好的表现，就结果来说，可以为公司带来更多利益。

可维持专注力的姿势和呼吸

姿势和呼吸对维持专注力来说非常重要。疲倦的时候，请试着调整姿势，坐在椅子上，缩下巴，挺起胸膛，后背伸直，然后，请有意识地深呼吸。

对经常久坐的职场人士来说，椅子是非常重要的。谷歌公司和摩根士丹利公司为员工提供的椅子均来自赫曼米勒公司（Herman Miller）。赫曼米勒公司所生产的椅子会充分考虑到生产力的重要性。在其生产的所有椅子和桌子中，最受欢迎的、对提高专注力最有用的就是可以自由改变高度的桌椅。

某项研究结果显示，如果长时间坐着，会给人的腰椎带来很大压力，新陈代谢也会变差。而刻意从一个姿势转变为另一个姿势，对一个人的健康有益。

在谷歌，员工可以依据当时的心情，改变椅子或桌子的高度，也可以选择站着或坐着工作，使自己在工作中不容易疲倦。实际执行之后，我发现调整心情或想睡觉时站着工作，可以人为打造出有利于员工高效率工作的环境，这些惊奇的发现被我视若至宝。没办法拥有这些工具的人，也可以试着换个舒服的靠垫，或换个姿势，来打造利于自己高效工作的环境。

利用音乐打造工作环境

我们可以利用音乐打造出独属一人的工作环境。此时此刻，或许有人正戴着耳机一边听音乐一边工作。"在某些工作中一边听音乐一边做事，可以提高工作效率"这个说法已经在近些年得到证实。

听音乐时，我的灵感总会不断涌现，所以我经常在工作时放音乐听。我保存的歌曲占手机云端存储空间的八成。

就我个人而言，我认为在工作时，最好选择以下类型的音乐：

◆ 自己喜欢的音乐。
◆ 富有活力的音乐。

◆ 有很多重复节拍的音乐。

听自己喜欢的、充满活力的音乐，会使人充满干劲；而有很多重复节拍的音乐和出神音乐（trance）的形式有点类似，会让人更专注地投入工作中。

我喜欢听没有歌词的电音舞曲。电子乐节奏性强，重复的节拍多，让人听了之后很容易进入出神状态，我经常在工作时听。

我们可以依据工作任务的类型来决定听什么音乐。例如，在做某一类需要更多细心和耐心的工作时，也许安静的音乐可以使你表现更佳；而在做一些比较紧急的工作时，听节奏轻快、活泼的音乐可能会让你感觉更好。不过，若音乐中有歌词，听的时候会不自觉地注意到歌词的内容，进而影响工作，所以我建议选择没有歌词的纯音乐。

如果你只是单纯感到疲倦，或是因为遇上各种麻烦而觉得累时，可以通过听恬静的音乐放松身心。我最近喜欢听的歌曲是一首日文歌《昂首向前行》（《上を向いて歩こう》）。

减少移动的压力

每次只为了讨论一点小事就不得不走过来走过去，也会让员工产生不必要的工作压力。

与其他公司的人开会时，我会尽量请对方到自己的公司来。如果参加会议的人有很多都来自不同的公司，我会尽量将会议安排在同一天、同一个场所。

比如，为了和出版社的人详细讨论本书的出版细节，我们没有把开会地点定在位于东京六本木一丁目的软银出版社（SB Creative），而是在附近的赤坂跳蚤市场（Ark Hills）开会。有时候，我会整天待在雅虎的公共工作中心办公，也会在那里和他人碰面，有时甚至一天在那儿开好几个会。

讨论工作上的事，并非一定要在哪家公司进行不可，应该在征询对方意愿后，弹性调整开会的时间和地点。

把自己关在会议室里

谷歌公司为了让全球员工用同一个线上视频设备开会，建立了所有员工都能使用的会议室预约系统。自此，即使在印度工作的员工，也可以预约东京的会议室。

这个方法虽然方便，但有的时候，其他国家的员工并不是那么清楚东京办公室的位置布局。在谷歌，会议时间一般控制在 25 分钟以内。之所以不是 30 分钟，而是 25 分钟，乃是为了留出时间让大家转移到其他会议室。会议经常被安排在不同楼层，或是同一楼层但距离非常远的两个会议室。当必须连续开两个会时，员工有时不得不从同一楼层的最东边转移到最西边，甚至必须从这一层转移到其他楼层，5 分钟实在非常吃紧。所以转移房间时，大家总是十分匆忙。

也因此，在我和其他人开会前，我会自己使用预约系统来预约会议室，如果能预约在同一个房间那就再好不过，即使是在隔壁房间，也可以大幅减少员工转移时的压力。

当一天中有好几场会议要开时，最好事先预订某一个房间一天的使用权，那么那间会议室就会像自己的固定座位一样，让人能长时间在那里集中精神工作。员工既不受外界干扰也不用花费时间转移办公地点，可以说一举两得。

抓住主导权：掌握"不被对方牵着鼻子走"的艺术

你容易觉得疲惫的原因之一是自己无法掌握工作的主导权。特别是在日本，许多职场人士认为只要客户提出需求，就必须马上处理。

例如，我认识的某个在 IT 顾问公司担任顾问一职的人，他的工作境况可以说非常悲惨。那些客户不是只有在遇到麻烦时才打电话给他，有时甚至大半夜也会打给他。他说，客户半夜给他打电话的时候，还会带着醉意跟他说："我现在在酒店喝酒，你马上给我过来。"他的客户认为，就因为自己是客户，所以可以理所当然地要求该 IT 顾问提供任何服务。

这完全不像是人与人之间的沟通方式。

但是，若采用其他方法，或许可以摆脱"被对方牵着鼻子走"的状态。在此，我以销售业务为例，向大家介绍一下这些方法。

· 销售模式大致分为以下 3 种：

第一种是最基础的销售模式，常见话术："这部复印机非常棒，您要不要购买？"

第二种销售模式被称为方案型销售。首先，销售员会询问对方："您在找什么样的复印机呢？你平常使用复印机的频率大概有多高？"在得到回答后，销售员会说"我可以给您提供每月使用成本更低的方案"，以此展开推销。日本企业开发的电子商务（B2B，Business-to-Business）业务模式便是如此。

最后一种是见解销售，谷歌公司采取的销售模式就是这种。简单来说，在询问客户需求前，先研究清楚客户需要什么，再告诉他们没有注意到的或不了解的事，然后展开推销，这就是所谓的见解销售。

谷歌公司会通过分析数据来开展销售业务。比如，谷歌销售员会对潜在客户的网站进行数据分析，如果发现营业额或浏览人数的增速不如想象中快，就以这个分析结果为基础，为客户提供解决方案。"有可能是这个原因""若这么做，营业额应该会有所增长""顺带一提，竞争者正在做这些事""在其他业界是这么做的"，这些都是见解销售模式中销售员的常用话术。

当客户听到这些以数据资料作为依据的提案时，他们可能会发现"原来我们公司没有使用这种方法，所以才做得这么不顺利""这么一来就太完美了，若项目负责人可以拿到预算，就有可能成功促成一笔大生意"。

以完整的数据或见解为基础，思考对方需要什么东西并主动提供。换句话说，就是在客户提出要求之前先一步弄清客户的需求。若能在销售过程中打造这种建设性关系，彼此都不用为了一些不值得费神的小事通电话。在销售过程中，相较于用乏味的话题填充谈话的间隙，围绕对方所需的信息进行谈话，对对方来说更能有效利用时间。

这个方法也可以运用到销售业务之外的工作。

被动等待对方提出要求，然后根据要求随机应变、采取行动，真的容易让人疲惫。最好在对方提出要求之前，就已经预先准备好对方需要的东西，然后积极进行提案。

这样做不是为了配合他人，而是依照自己的工作需求来行动，如此一来，工作就不会那么累了。

有时候，为了避免被对方牵着鼻子走，需要制定出"不得不遵守的事项"，并让对方知晓。例如，位于日本东京的谷歌分公司规定，不管是公司内部会议还是和其他公司的人员开会，都不可以将会议时间安排在下午6点以后。提前制定好规则，所有人都会遵守，这样和公司内外的人沟通时也会比较方便。

询问期限

我们经常可以看到下面这种场景：

客户："我要 ××。"
你："好，马上准备。"

乍看之下，这种迅速提供解决方案的服务似乎没什么问题。但对方或许并不需要你马上处理，明天再做也无妨。

如果客户提出任何要求你都马上处理，很快，客户就会深信你为他提供任何服务都是理所应当的。这样的应对方式，不但会让自己喘不过气来，最后也有可能宠坏客户，制造出所谓的"奥客（多指很难伺候的客人）"。

为了不被客户或上司牵着鼻子走，我想跟陷入这种被动情境的人分享一句话，那就是："我该在什么时间之前处理好这件事呢？"当你被客户提出要求时，记得问对方这句话。

除了询问对方期限外，还有一点也请大家注意：当对方提出要求时，问清楚他/她要的到底是什么。

敝公司的员工偶尔会出现下面这种情况：

"×× 先生寄电子邮件来了，彼得先生请赶快回信。"

我的下属很紧张地催促我。

"请等一下，××先生需要什么呢？什么时候需要呢？"

直到我跟员工确认时，他才说："啊，我没仔细问……"

如果没有弄清楚"对方需要什么"，就只能凭着猜测来行动；如果不知道"对方给出的解决问题的期限"，你就会焦虑。

或许这就是日本独有的、倾向于彼此心照不宣的、有默契的、一来一往式的工作文化吧，但只要用一句话确认，就可以减轻工作上的压力，同时也能减轻自己的焦虑。

除此之外，当被对方告知"请在这天之前完成"时，我也不会在不知缘由的情况下立即着手进行。如果在"不知道为何要在这天之前完成"的情况下就展开行动，对双方都没有好处。

养成不马上响应的习惯

"不马上响应"是全神贯注于工作且不感到疲倦的必要技能。

最近，我在某个活动上听到了这样的见解："有了笔记本电脑之后，就没有多余的时间了，因为随时都可以工作。

如果有人发来电子邮件，就必须马上回复，没有时间放松。"

的确，我经常看到有人在星巴克等地方工作。坐在我隔壁桌子的人，把笔记本电脑的通知设定成有电子邮件发过来就会跳出提示窗口的模式。在这种便捷模式下，只要一看到小窗口跳出来，他就马上回信。

如果一收到电子邮件等新消息，就马上一一回复，你几乎无法专心工作。我的做法是，把新消息通知全部关掉，然后选择一个固定的时间来检查邮箱或社交软件有无新消息。

事实上，我会把需要马上回复和不用马上回复的邮件分开处理。

我认为，如果不设定优先级，一有工作就马上处理，很容易被人牵着鼻子走，并且感到累。因此，为了不疲倦地工作，首要任务就是在自己的大脑中给各项工作明确排出优先级（最好不要独自决定，必要时和主管确认）。

在谷歌公司，有些团队对电子邮件的使用定了如下规矩：

◆ 晚上 10 点之后不看邮箱。
◆ 周末不发邮件。

就算心里十分记挂，但我还是坚持"晚上 10 点后不看邮箱"。

下午 6 点之后，若非急事，我通常不接电话，而是隔天再回电话。很意外，所有人都对这一点欣然接受。

"不要配合他人的状况来工作"，希望大家可以将这点牢记在心。

不要反射性地工作

让我们换个话题。

大家会不会在接到工作任务后，因为已经做过很多次了，就完全不假思索地"反射性"工作？事实上，反射性地工作只会浪费时间。

某家公司委托我们举办为期半天的工作坊（一种线下交流活动，通常由 10~20 名成员组成，主讲人是在某个领域富有丰富经验的人。成员在主讲人的指导下，通过参加活动、讨论等形式，共同探讨某个话题）研习活动。虽然研习活动的时间是半天，但工作人员却在活动进行时跟我说，"等一下请和这个人碰面""接下来是这个人"，一直进行了四五次会面。在工作坊研习活动开始之前，我认为只要在事前进行一个小时的讨论，基本上就没问题了。但对方却没有整理好自己需要的东西，只是依照过去的方法，反射性地安排工作。

很多人完全凭感觉做事，他们会说："细节还没确定，但我们还是先碰个面吧。"丝毫不觉得这种一时兴起的谈话剥夺了他人的时间、给他人造成麻烦。

这种情形不只发生在甲方与乙方之间，在上司和员工的关系中也很常见。

主管一时兴起，就把内容还不是很明确的工作丢给下属，这样做只会让下属疲于奔命。如果主管一直抱着"无休止地使唤对方"的念头对待下属，那么他们绝对无法成为事业上的伙伴。

为了避免反射性地做这些没有必要的工作，你必须很直接地将自己的意见传达给对方。

每当我参加不是很有必要的会议时，我经常以开玩笑的方式提问，把自己的真实感受告诉对方。

"今天的议程是什么？"
"为什么要开这个会？"
"这些事情发个邮件就可以说清楚了吧？"

当然，说这些话的时候，一定要面带微笑，语气幽默。

营造氛围：别让"低效氛围"影响自己的工作表现

日本企业对员工的要求有诸多矛盾之处。比如说，明明要求员工有出色的工作表现，却不为员工提供可以使其全神贯注于工作的环境，还有一部分上级不太愿意帮助下属展现他们的能力。正因如此，我希望大家在保护自己的同时，确保有一个可以将自身表现维持在较高水平的环境。换句话说，大家必须有一个可以让自己快速恢复平静、集中精神，并且容易与人进行沟通的地方。

养过猫的人应该都知道，小猫们总是会默默移动到家里最舒服的地方。冬天，它们会移动到有温暖阳光的地方，夏天则待在凉爽舒适的角落。对动物来说，移动到让自己感觉舒适的地方是非常自然的事。

然而，与动物相反，人类就算处于令自己非常不适的环境中，也会深信"自己非待在这里不可"。待在不适合自己的环境中，人会感受到极大的压力，也就无法尽情发挥能力。

希望大家可以和动物一样，往舒适的、感觉良好的地方移动。

小 结

☐ 思考什么样的工作方式才可以充分发挥自己的能量和
专注力。

☐ 专注于工作，每天进入心流状态 90 分钟。

☐ 为了避免被他人牵着鼻子走，要记得事先沟通。

第 2 章

优化能量与情绪管理，稳赢工作"冲刺赛"

◀▶ 能量管理：调整到最佳状态，才能顺畅工作

　　工作时，随着工作内容和工作场所的转变，能量的使用方式也要有所改变。

　　"这段时间必须做 ×× 事"——在做事之前至少要有这样的时间管理意识。但是，当注意力完全无法集中时，我们再怎么强迫自己专注于工作也无法提高效率。比如，当我们站在拥挤的地铁里，就算干劲满满，想着"要马上开展工作"，也会因地铁太过拥挤而无法打开电脑。如果这时候，你满心愤怒地在心里质问"为什么地铁这么挤！"，不仅无法提高工作效率，反而给自己带来了烦恼和压力。

　　如果想在不疲倦的状况下提升工作表现，你必须考虑以下几点，再决定要做的工作：

◆ 你的能量类型。

◆ 你的能量状态。

◆ 你所期望的工作场所。

依据所需能量的类型来决定工作内容

虽说在上班时间完成的任务都可以称之为工作，但工作内容也总是不相同的。不管是小组内部讨论还是在全公司的人面前做项目报告，都是需要与人进行密切交流的工作。而整理数据或写企划书等工作，则需要自己独立、专心地进行。以上所说的每一件工作都很重要，但完成这些工作需要的能量类型却不同。

比如说，完成一份新的提案或汇总数据，就比较适合以冲刺的方法进行。不要为了配合他人而使自己手忙脚乱，要保留可以专心工作的时间。拿我自己来说，有时我会为了完成这类工作，特别空出一整天的时间在家里工作。

而那些需要和同事讨论、彼此交换信息的工作，或是和客人谈话之类的工作，我会集中在同一天进行，当天就不再回复电子邮件或做数据整理的工作。

随着工作种类的改变，人们所使用的能量类型也会相应改变。但我认为，在较短时间内，频繁转换能量类型会降低工作效率。

　　建议大家在开始一天的工作前先思考：今天我要完成什么样的工作？然后根据工作内容，安排出一天的行程再展开活动。例如：今天是和顾客碰面的日子，今天是一整天都得在办公桌前埋头工作的日子等。这样一来，不仅不容易使自己感到疲倦，还能保证工作产出的质量。

依据能量的状态来改变工作内容

　　此外，你也可以根据自己不同的能量状态，来决定接下来要做的事。

　　也就是说，如果你现在的能量属于正面的、积极的，你感觉自己活力十足且能集中精神，便可以进行需要极高专注力的工作，如汇总数据、撰写企划案等，也可以在审慎思考后，回复重要的电子邮件。

　　与此相反，如果你当天没什么精神，或因疲倦而无法集中精力，就必须把重要工作往后延，先完成一些基础的、不需要太多专注力的工作。

　　我会把可以兼顾和不能兼顾的工作分开做，有的时候我甚至会同时做两种或两种以上不一样的工作。

　　比如，为了计算花费而整理收据，这是非自己来不可的麻烦事，却不需要太高的专注力。像这种类型的工作，我会在下班回家后，一边看电视剧一边进行。因为这些工作虽然简单，但也确实比较枯燥、琐碎，需要在不是太疲惫的状态下完成，而边看电视边做就当是给自己的一点精神鼓励。但在公司，我们就不能一边看电视剧一边工作了。

此外，说到精神欠佳时能做的事，那就是放松精神。你或许不知道坐公交也可以帮助我们放松精神。因为公交车会摇晃，在晃晃悠悠的情况下人很容易出神，进入无意识的状态。你可以将抵达下一站前的这 3 分钟设定为精神放松时间，深呼吸，没有座位就牢牢抓紧吊环或扶手，进入自己的无意识世界。

在能量较差时，放松精神是一种有效使用时间的方式。

因地制宜的工作方式

除了要配合自己的能量状态来工作外，配合场所来工作也是不浪费能量的有效方法。

举一个简单的例子，在乘地铁通勤时，如果地铁上有点拥挤而我也没有座位，我会用智能手机回复积存的电子邮件和消息，或是确认当天的工作行程。但当地铁上已经拥挤到无法拿出手机打字时，我就会切换到广播频道，将这段时间当作收听外界信息的时间。就算无法进行工作，我还是可以主动地接收信息。

而当我可以坐下来时，我会拿出笔记本电脑回复邮件或者写文章。如果接下来的通勤时间还剩 20 分钟以上，我会在仔细思考后回复重要邮件。

与"不论外界环境如何，都要很认真地做某事"相比，这种因地制宜弹性使用时间的做法不会给自己带来压力。勉强在不适合的场所进行不适合的事，只会让自己更疲倦。我们不要与所处状况背道而驰，而是要善加利用当时的情况。

因此，在可以预见的情况下，你要大致决定好在什么场合可以做什么事。

◆ 虽然你在地铁上，但精神状况良好，在有座位并且通勤时间超过 20 分钟的情况下，可以用笔记本电脑汇总数据或回复重要邮件。

◆ 虽然有精神，但必须站着时，你可以用智能手机确认工作行程或回复简单的邮件。如果是需要花一点时间才能回复的邮件，可以先做个记号，之后再找时间回复。

◆ 当地铁变挤时，你可以听新闻广播或听有声书来搜集信息或放松。

◆ 当地铁上非常拥挤，你也感觉非常疲倦、什么都做不了时，请放松精神，进入无意识的精神世界。

疲倦时不要太努力

疲倦时不要太努力是工作的诀窍，也是能量管理的技巧之一。

疲倦时，大脑无法灵活运转，只能重复做简单的事，结果，在不知不觉间，做的尽是不太重要的工作。如果你经常在疲倦的状态下工作，等你回过神时，你会发现自己经常将大量能量用在不重要的事情上，不仅如此，还会因浪费精力而加班，这是非常不明智的行为。

因为今天很疲倦，所以你决定来收拾办公室。

因为大脑无法灵活运转，所以你决定做些不经大脑思考也没有关系的工作。

与其做些无足轻重的工作，不如干脆转换工作内容比较有效率。

明明知道今天就算再努力也不会有成果，却还是拼了命在工作，非得让别人看到自己正在努力才行。

以上是很多日本上班族持有的工作信念，每当看到他们如此做的时候，我都会觉得非常不可思议。因为人在感到疲倦时，大脑是无法发挥功用的，虽然表面上他们已经在很努力地工作了，但其实几乎做不出什么了不起的成果。

这样的话，还不如把那些时间拿来整理工作环境，或是好好休息、调整自己的状态，这种时间使用方式远远优于做不重要的工作。

某家鼓励远程工作的公司，在员工的笔记本电脑上安装了微型监控器，以监测员工坐在笔记本电脑前工作了多长时间。但是，我认为，以时间长短来计算白领阶层的生产力，是一种很愚蠢的做法。

不拘泥于工作时间长短，使员工更有效率地使用能量，在短时间内贡献应有的或加倍的产出，然后，把时间合理分配到各项工作上，才是比较好的做法。

比如，当你意识到自己在某一领域非常欠缺时，有很多事可以做，比如举办交流聚会、阅读书籍等。不要总想着眼下的工作可以让你赚多少钱，你也要有意识地提升自己的未来价值。

最近，"信赖存款"这个词语非常流行。所谓信赖存款，就是指"带着利他的念头，做些对周围的人有帮助的事"，这些事便是可以增加信赖存款的行为。我将自己三成的时间花在赚取金钱的工作上，剩下的七成时间从事可以增加信赖存款的活动。

当然，疲倦时，人就无法将能量运用在对未来的投资上。因此，要增加信赖存款的额度，很重要的一点是，你必须为未来保留一些能量。

调整能量时该做哪些事

调整能量有很多不同的方法，例如：

◆ 听喜欢的音乐。

◆ 散步。

◆ 跑步。

◆ 活动身体。

这些都是可以马上想到的可以调整能量的方法。

关于运动，有人喜欢跑步，而有人则喜欢举哑铃等可以锻炼肌肉的运动。在调整能量时，我们只要选择让自己感觉舒服的运动就好。

在此，我想向大家介绍一下我目前在做的事。

·泡澡

泡澡可以使人舒缓精神，如果在公司不能泡澡的话，当你在家工作时，请务必一试。

·散步

即使在公司，如果你能利用午休时间或其他休息时间到外面走个 10 分钟，就可以达到振作精神的效果。

·思考正在进行的工作有什么意义

"动力"即"必须做这些工作的目的"，只有在自己真正理解了"为什么必须做这些工作"之后，你才能明白"工作不等于待在办公桌前"。工作是制造产出的过程。因此，为了提高产出，必须竭尽所能，而适时休息是让自己竭尽所能发挥能量的技巧之一。

心态管理：制定"例行规则"，减轻困难带来的不适感

如果你每天都按照以前的方法行事，不试着挑战新事物，就无法跟上这个瞬息万变的时代。

谷歌曾提出"10 倍产出"这个概念，即用相同的时间打造出 10 倍于现在的结果。请大家试想一下，该怎么做才能得到是现在 10 倍的成果？如果你一直做着曾经做过的事，绝对不可能获得 10 倍的成果。因此，你必须试着打破过去的惯例，不断自我更新，才能创造出截然不同的工作方法。

但是，想要以积极的心态迎接挑战，内心势必需要充足的安全感。"无论如何都要勇敢挑战"的想法虽然很重要，但如果只顾着寻找新的刺激，大脑也会疲倦。因此，在追逐新事物的过程中，必须拥有让自己感到舒适的例行规则。比

如，和刚认识的人见面总是让人感到非常刺激且充满期待，但要为此次见面做好准备却是件非常麻烦的事。

因此，你可以将下述事项模式化，尽量不要让自己在会面前的准备上费太多脑筋：

"该穿什么衣服去？"

"要在哪里见面？"

"见面后是和他 / 她一起吃饭还是喝咖啡？"

提前考虑这些事情，以避免将能量耗费在多余的事情上，自己也能安心迎接各种挑战。

以下就是我与刚认识的人第一次见面前的例行规则，仅供各位参考。

· 安静的咖啡店

我不太喜欢去没去过的咖啡店，因为我不知道那里什么时段安静、什么时段吵闹，也不确定到了之后能否找到座位。

如果到不熟悉的地方去，我会无法安静工作或进行讨论，因此，我会在平时就留意那些常有空位子的安静咖啡店，作为与朋友碰面时的候补选项。

· 邀请他人一同前往的餐厅

想吃法国菜的话就到这家，想吃意式料理的话得去那家，这家店的日本酒非常美味……我会依照不同口味，事先选好几家喜欢的店，在邀请他人一起吃饭时，我就从这些店里选一家。

我会在与朋友会面前，将这份餐厅清单交给我的助理，告诉他会面的时间和意向地点，然后，他就可以毫不犹豫地帮我预约且几乎不会出差错。

像这样提前选好几家自己喜欢的餐厅真的非常方便。一旦成了熟客，店员也会为你推荐当天的美味料理。我常去的几家店的店员都非常了解我的喜好，他们给我推荐的料理从来没让我失望过。

如果没提前选好"不会出错"的店，而随机选择的店又不太如人意时，还要跟对方道歉："这家店似乎不怎么样，真是抱歉。"这实在令人尴尬。但是，如果为了避免这种尴尬，而临时花好几个钟头浏览美食点评网站，又很浪费时间。所以，我们不得不承认在选择地点等有利于和对方维持友好关系的细节上，事先选好几家"不会出错"的店，可以避免耗费多余的能量。

· 每天穿的衣服

逛街时看到自己喜欢的衬衫，我会多买几件，衣服品牌大多是飒拉（ZARA）或优衣库（Uniqlo）。说到这个，我想到苹果公司的联合创办人史蒂夫·乔布斯（Steve Jobs）总是穿着同样的黑色套头毛衣和牛仔裤。

我的状况或许有些极端，但如果你总是烦恼该怎么打扮，轮流穿几件固定样式的衣服是一个不错的方法。

精力管理：巧用"冲刺"工作法，开发惊人爆发力

我在本书开头已经提过，谷歌员工不仅会在中午的休息时间打排球，还会在上班时间进行其他运动或休息。为了集中精力投入更多、更有难度的工作，他们必须调整自己的状态，利用零散时间来储存精力。

与谷歌员工相反，大部分在日企工作的职场人士都采用马拉松式的工作方式。工作日，大家都以一样的步调工作，周末时休息，下一周依然如此，保持同样的工作步调，周末休息……他们就像在跑马拉松，依靠惊人的耐力完成一周的工作。这种工作方式给以工厂为主的传统制造业带来了效益，却不适合现代的白领阶层。因为，现在的企业更注重优质产出，要求白领阶层集中精力以提高产出。

以冲刺的方式打造工作节奏

每个公司都有各自的工作风格，谷歌公司尤其如此。在

充满谷歌风格的工作方式中，"冲刺"是其中一个很著名的工作方式。即使已从谷歌离开，我仍会刻意带着冲刺的精神工作。

所谓冲刺，并不是让员工持续不断地工作，而是员工在某段时间内有计划地将专注力投入某项工作，待这项工作完成之后再彻底休息，这是一种劳逸结合、有的放矢的工作方式。没有停留、持续不断奔跑的马拉松式工作方式容易让人感到疲倦，打造出一个"什么事都不做"的时间让员工调整节奏，更有利于员工集中精力，投入创造性工作。

这种一开始专注于工作，然后集中时间休息的工作方式在谷歌很常见。有些员工会加班到很晚，在固定时间段内集中精力投入项目，但这并不代表他们是长时间劳动的牺牲者，比如工程师，会在项目结束后，彻底休息一段时间。还有另一种情况，领导交代给员工一些任务，且不要求他们一定要在当天完成，但这些员工一整天都专心工作，无论如何都想在当天做完，以至于加班到晚上 10 点。那么，作为补偿，他们会在第二天中午才来上班，或者隔天直接休假一天。

若非如此，疲劳就会不断累积，而你再也无法集中精力投入重要工作，便无法再创造出任何成果。

我在安排自己的行程时，也会刻意以冲刺的方式进行。我经常出差，每天都有咨询、会议、演讲等各式各样的工作，工作行程排得非常满。我不仅在工作日工作，在周末也会工作。

当我以冲刺的方式工作时，"工作中"和"休息时"的区分就非常重要。

比如说，当我连续工作了几周，我会在某个时间段内不安排任何工作。也就是说，一旦发现以冲刺的方式工作无法取得最佳成果时，我会刻意留出一天，当天什么事都不做。

在必要的时候全神贯注，在疲倦的时候休息，如此便能取得平衡。当你觉得"最近好忙，疲倦得不得了"时，或许这就是需要下定决心休息的时刻，合理的休息让工作变得更有效率。

休息时不要看电子邮件

以冲刺的方式工作有很重要的一点需要关注，那就是休息时要彻底。

但是，日本人真的很不擅长休息。即使在周末，日本职员也会选择工作，而且多数人都对休息这件事抱有负面看法。然而，周末休息不只是因为法律规定了"周一到周五为工作日，周末为休息日"，也是为了使员工消耗的精力在两天的休息时间里得到充分恢复，好在下一周拿出最佳表现。

当你周末在家里休息时，可以对工作上的重要事项进行回顾，也可以到海边或公园散步、放松一下、换换心情（顺带一提，我通常会在周六日思考重要的事）。

换个思考方式，不要带着消极、负面的态度看待休假，让休假变得更有正面意义。当然，还有一点很重要：休假时绝对不能看电子邮件。

在周末来临之前我会跟我的员工说："我周末不看电子邮件，就算你们发电子邮件给我，我也不会回复。若有急事，请打电话。"如果错过了电话，手机上会显示有未接来电，不用再打回去我就知道是谁打来的。但如果看了电子邮件的内容，就会忍不住开始工作。

很多使用电子邮件来沟通工作的人认为，只要收到电子邮件必须马上回复。所以，在休假前，你最好事先声明自己在假期不会随时查看电子邮件。

专注冲刺 90 分钟

冲刺状态不仅适用于某一项工作，也可以被运用到一天的工作上。比如，你想专心投入一项工作，那么你可以抽出 90 分钟的时间，然后在这 90 分钟内全神贯注地工作。

在做简报数据或撰写企划书等需要发挥创造性工作时，为了提出有意义的建议，我至少需要 90 分钟进行思考。如果预留时间比 90 分钟更短、更零碎，我就无法集中精力、专心思考。个人所需的冲刺时间的长短可能因人而异，但建议大家以 90 分钟作为标准。

如果在冲刺的 90 分钟专注时间里，你总被往来的邮件或同事之间的交流打断工作进程，那么重要的工作便会在没有完成的状况下停止，在这段时间内，你很可能没有任何产出。

为了在这 90 分钟内全神贯注地工作，请你遵守以下规则：

◆ 不看电子邮件。

◆ 提前清理桌面。

◆ 提前准备好所有需要的东西。

◆ 事先决定好工作目标和最低限度的产出。

◆ 将冲刺 90 分钟内的工作任务进行切分。

下面我就针对这几点进行说明：

·不看电子邮件

关于为何不看电子邮件，前文已说明原因。在这里我再次强调，在冲刺的 90 分钟里，为了集中精力，只看与完成工作有关的东西。

· 提前清理桌面

进入冲刺 90 分钟之前，要先清理桌面，把所有会妨碍工作的物品放在眼睛看不到的地方。

· 提前准备好所有需要的东西

进入冲刺 90 分钟之前，要把所有需要的东西都准备好。

如果没有仔细思考完成这项工作需要借助什么东西，并加以准备后再投入工作，在工作过程中就会发生"我不知道这是什么""这个必须调查一下，那个也得先看一下才能继续工作"之类的状况，致使你无法全神贯注地工作。因此，在投入工作前，你必须仔细思考完成此项工作都需要哪些东西，并做好准备。

· 事先决定好工作目标和最低限度的产出

在进入冲刺 90 分钟之前，先想清楚你要利用这 90 分钟创造出什么成果，然后再以目标为基准推算出最低限度的产出。

比如说，你要做一份 10 页的简报，在做简报之前，先想清楚简报的内容：自己到底想说些什么？如何才能引起听众共鸣？当每页简报的内容都大致确定后，再思考需要哪些数据来支撑自己的想法，然后通过网络等途径快速查询。

·将冲刺 90 分钟内的工作任务进行切分

当你为这 90 分钟做好万全准备后，却因工作任务太过复杂或艰难而无法集中精神，那你就本末倒置了。为了专注进行每一项工作，让我们将工作内容进行分解。

拿制作简报举例：

◆ 打造整体结构。

◆ 搜集所需数据，并制作成图表。

◆ 汇集数据，撰写文字部分。

◆ 重新检查整份简报，进行细节调整。

若能按照上述顺序进行工作，你就可以专注于每一项任务。

最后，冲刺时还有一个最大的困扰，那就是办公室的其他人会和你说话，导致你在工作中一直被打断。如果你在办公室里无法集中精力，可以到会议室工作，如果能居家办公就在家里工作，或者也可以选择外出到咖啡店工作，只要稍微做点调整使自己集中精力就可以了。

工作 90 分钟后就休息

人的体内是有节奏的，除了"昼夜节律"这种广为人知的以 24 小时为周期的体内节奏，还有以 90 分钟为单位的"次昼夜节律"。所谓"次昼夜节律"，指的是人在专心工作 90 分钟后，就要彻底休息一下，这种定时休息比不定时休息更能缓解疲倦。

按照人体内在规律，想持续集中精力超过 90 分钟非常困难，因为这样做违反了体内的生物钟。相反，如果到 90 分钟就停下来去休息，那么就能够继续保持专注。因此，践行工作 90 分钟后就休息的原则来彻底放松和保持专注，能有效发挥自己最大的能量。所以，我建议大家，有意识地专心工作 90 分钟后，停下来，休息 10~15 分钟。

或许在你每次想休息 10 分钟的时候，心里总会有个声音说："现在有 10 分钟，试着做点什么吧。"但实际情况是，10 分钟以内可以完成的事，大概都是回信、浏览数据、进行会议准备等比较被动的工作。真正进行创造性工作或者深入思考时，压榨用来休息的 10 分钟并不是恰当的时间使用方式。

正确的做法是在短暂的休息时间里调整自己的精力，让自己拥有最佳工作表现。

因此，你必须在两个冲刺 90 分钟之间预留出休息时间，待身体得到充分休息后继续专心投入下一个 90 分钟中。

情绪管理：避免"被动式攻击"，营造和谐的沟通氛围

让我们来谈谈影响工作成效的关键因素之一——情绪。

情绪会影响你的表现。许多认知心理学家曾对情绪进行过研究，并提出了不同的观点，其中最重要的一个概念是"情绪与反应的切割"。

也许你会问："什么是情绪与反应的切割？"

打个比方，职场上被上司指责"这点小事都办不好吗？"或"你怎么什么都不会呢？"，不管是谁都会感到生气。这个时候，有些人会因为生气而迁怒身边的人，就算情绪没有爆发，他／她也会绷着一张脸不说话。

忽视让自己感到生气的上司，或是随便敷衍上司交付的工作，这两种应对方式被称为"被动式攻击"，经常使用"被动式攻击"会阻碍工作的开展。

这种情况不是无解的，以下便是认知心理学提出的应对这种状况的方式：

◆ 首先，按下马上要发作的情绪。

◆ 然后，感到生气或愤怒时，先深呼吸。

◆ 最后，从逻辑学的角度思考，此时你应该采取什么样的具有建设性的方式回应。

请务必记得这3个步骤。

比如说，在收到让人生气的电子邮件时，绝不能马上回信。请稍候片刻，等愤怒的情绪过去后，重新看一遍邮件，然后再回复。当你冷静下来，重新看一遍邮件，即便是同样的内容，你也会有不同角度的理解。

每个人都有状态好的时候和状态不好的时候，尤其是在睡眠不足或感到疲倦时，会很容易出现负面情绪。所以在做出回应之前，你要先明确自己现在是否处于负面情绪，然后再采取适当的行动。比如，当你知道自己正在生气，就要避免与他人交涉复杂的工作。

如果在平时刻意训练此项能力，除了在工作上能取得较高成就，对日常生活也会有极大帮助。在不同的情况下或面对不同的人际关系问题时，可以根据具体情况进行调整。

如果当天你的状态不好，你可以说："很抱歉，我今天感觉非常疲倦，可能表述得不是很清楚。方便的话，我们明天再继续讨论可以吗？"或："我今天身体不太舒服，所以想独自工作，这不是你的问题。"事先告知他人你当天不在状态可以免去很多麻烦。不管是上司、同事还是家人，只要了解了你的状况，他/她内心不必要的担忧就可消除。

如果上班前发现自己的情绪不太稳定，不妨跟公司请假。或许有人会想：如果是因为发烧、头痛或肚子不舒服而跟公司请假，那还可以理解，因为心情不好就请假，是不是不太合适呢？

有这种顾虑的人不在少数，但其实仔细思考一下，不管是身体不舒服还是情绪不稳定，带来的后果都是一样的——无法在工作上有出色的表现。

虽然心情不好不会传染，但当你心情烦躁、感到愤怒时，会给身边的人带来负面影响。

再者，有数据显示消除疲劳之后，情绪也会跟着恢复到较好的状态。所以，当你情绪不好时，下定决心请假休息，对公司、对同事、对自己都好，不是吗？

价值管理：最大化工作贡献，让自己"职场身价"倍增

　　我在前文多次提到，谷歌的员工认为，休息对高效工作来说非常重要。表面上看起来程序设计师总是在玩电子游戏，但他们并不是单纯地在玩耍，玩电子游戏是为了创造出更大的工作成果所采取的一种休息方式。

　　我认为，日本职场中有这种认知的人并不多，因为他们将自己的薪资换算成了时薪。你是否也曾把每月的薪水除以工作时数，计算自己 1 小时可以赚多少钱？在此我们可以计算一下，假设你的月薪为 8000 元人民币，一个月工作 21 天，一天工作 8 个小时，那么你的时薪就是：$8000 \div (21 \times 8) \approx 48$ 元。然后，你就认为你必须做"每小时价值 48 元的工作"。

　　但是，现实情况是，如果总以时薪计算自己在这一天里要做哪些工作，上班时就会一直受到约束，总是让自己处于

工作状态，没有一刻休息的时间。这样的工作方式只能让你完成例行事项，而没有余力构思新点子。

　　我们应该以"年收入"来衡量自己所做的工作的价值而非"时薪"。换句话说，就是要提高自己的市场价值。我们不能一直做同样的工作、拿着同样的薪水，而是要以"年"为单位来思考自己的工作该以何种方式进行下去。要以达到比去年更好的成果为目标，思考如何提高年收入、增加获得的奖金。

小　结

□ 在 90 分钟的冲刺中，专注投入重要工作。

□ 疲倦或生气时，你不用太过努力工作。

□ 为了挑战新工作，必须打造例行规则。

第 *3* 章

4 个好习惯缓解疲劳，提升工作 "续航" 力

▼▶ 健康饮食：胃口得到"满足"，大脑才能高效运转

在序章中我提到，谷歌等公司的员工之所以能持续从事具有创新性的工作，保持高质量的产出，是因为他们善于提升自己的能量。其中，保持身体健康也是提升能量的关键方法之一。

不管自己身体健康与否，有勇无谋地投入工作并非上策。在专注工作之前，最重要的就是将身心调整到最佳状态。这里的最佳状态指的不仅是运用技巧消除身体疲劳，还需要在每天的生活循环中，以心理和身体健康为基础仔细调整生活方式。乍看之下似乎绕了远路，但最后其实可以帮助你获得极高的产出。

谷歌公司非常重视员工体验，并以此为基础，打造出让员工可以舒服工作的环境，其中也包括饮食环境。谷歌公司的员工餐厅是免费的，员工可以尽情选择自己喜欢的食物。

餐饮团队会根据员工的饮食情况，统计哪种食物最受欢迎、用餐顺序是否合理等信息。然后，再以搜集来的信息为基础，不断对菜品和用餐顺序进行调整，为保障员工的饮食健康进行各种努力。比如，为员工提供有机蔬菜就是餐饮团队做出的改变之一。

如何养成良好的饮食习惯

根据最近的营养学研究结论，减少碳水摄入、增加蛋白质摄入可以维持身体健康，同时还能保障员工拥有优异的工作表现。因此，减少碳水化合物的摄入、多吃蛋白质含量高的肉类和多吃蔬菜是你需要每日坚持的饮食原则。

就算知道吃哪些食物有益于身体健康，但要改变长久以来养成的饮食习惯对人们来说并不是一件容易的事。为员工提供免费食物的员工餐厅更是难以把控这一点，因为饥肠辘辘的员工在面对免费供应的、自己喜欢的食物时，很容易吃过头。

为解决这一问题，谷歌东京分公司的员工餐厅在入口处摆放着展板，上面是"营养膳食金字塔"的图片，这种简洁明了的图片让员工一看就知道应该以怎样的比例摄取蛋白质、脂肪和碳水化合物。除了食物金字塔，餐厅门口还设立了每日餐品展示台，并向员工介绍了营养与口味俱佳的"建议组合"，如果不知道吃什么才好，跟着展示台上面的建议吃准没错。

谷歌东京分公司的员工餐厅别出心裁地设计了食物摆放顺序。餐饮团队希望尽可能提高有益于身体保持健康状态的食物被员工选取的概率。因此，把蔬菜种类非常丰富的沙拉放在餐厅入口处，沙拉后面依次是肉类、米饭和甜点。

除了免费的食物，员工餐厅还提供免费饮料。虽然餐饮团队已经尽量只提供对健康无害的饮料，但因为很多人喜欢喝可乐，所以员工餐厅里也提供可乐。为了不违背"为员工提供健康饮食"这一原则，他们在饮料放置的位置上花了点心思——将对身体健康无益的饮料放在了不显眼的位置，让员工不能第一眼就看到。人类虽然在很多方面与动物有很大区别，但也保留了一部分动物本能，比如，当眼前出现自己爱吃的东西时，总是想伸手去拿，尤其在饥饿状态下。因此，餐饮团队利用"障眼法"应对人类的动物特性，以维持员工的身体健康机制。

"谷歌公司为员工提供免费就餐的员工餐厅！"这件事被当成美谈传播至今，但真正值得关注的并不是可以免费就餐的员工餐厅，而是员工餐厅的运作机制与出发点。

◆ 对健康有益的食物可以提升员工的能量，也能帮助他们
  表现得更出色。

◆ 每日选择、制作美味与健康兼具的食物对上班族来说并不是一件容易的事，甚至可以说非常耗费心力。如果公司能以员工的身体健康为出发点提供员工餐厅，那么员工就不用把注意力放在每日饮食上面了。

顺带一提，谷歌公司的餐饮团队也对点心进行了研究。

谷歌公司的餐饮团队曾在饮料和点心之间分别设置 1.8 米和 5.5 米两种间距，在两种不同摆放距离下，伸手拿取点心的员工人数会有多大差距呢？

实验结果显示，在饮料和点心之间距离较近时，点心食用量比饮料和点心之间相距较远时的食用量多了 69%。

因此，为了保持身体健康，那些已经在公司吃了晚饭，但下了班回到家后仍然想吃东西的人，不要在桌子的抽屉里放点心等食物。

肚子饿的时候不要挑选食物

好习惯的培养离不开必要的理论依据，饮食习惯机制的培养也不例外，我在上文提到的"打造良好饮食习惯"所依据的就是行为经济学。所谓行为经济学，指将行为分析与经济运行规律、心理学等学科知识有机结合起来，以修正不足。

我们可以用这种思考方式来改善饮食习惯，比如，最好不要在肚子饿的时候挑选食物。

每当工作到中午时，肚子就会非常饿。这个时候，如果你到外面的餐馆吃饭或者点外卖，就会很容易出现"这个拉面看起来很好吃！今天就吃拉面吧，另外再点几个煎饺"的状况。空腹时，人们无法保持冷静，所以，即使知道"这东西对健康无益"或"饮食过量并不好"，也还是很难抵抗食物的诱惑。

为了避免发生这样的状况，空腹时最好不要思考与食物有关的事。

比如说，当你在便利商店购买午餐，肚子饿的时候，眼睛看到的每个东西都好像很好吃，几乎看到什么就买什么。因此，建议大家在吃完早餐后购买午餐。因为肚子很饱时，头脑会冷静下来，可以让你仔细思考，选择有益健康的食物。如果公司有冰箱，把提前买好的午餐放进冰箱就好。

要靠意志力战胜诱惑非常困难，最好从小的日常活动入手培养意志力，建立不会陷入诱惑的机制。

营养均衡不用以一餐为单位来思考

虽然已经建立了良好的饮食习惯，但当我们忙于工作时，是很难做到每餐都均衡饮食的。

回想一下自己的近况，你是否曾经因为忙碌而以便利商店的饭团或三明治果腹，或是在出外勤的途中，在快餐店草草解决一顿？

的确，在外用餐时稍有不注意，碳水化合物的摄取量就会暴增，或者忙碌时根本没时间考虑营养是否均衡等，我完全能够理解这些问题。如果这个时候你还是很固执地认为"无

分餐摄取，营养均衡

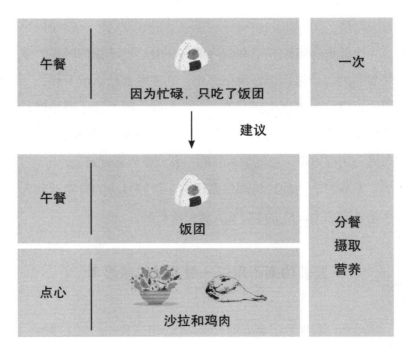

论如何都必须坚持健康的饮食"，反而会给自己造成压力。因此，我并不会以一餐为单位来思考饮食的营养均衡问题。

如果因为忙碌而在上一餐中摄取了较多碳水化合物，那么你只要在下一餐中增加鱼、鸡、猪、牛、羊等肉类和蔬菜的摄入，使一天的营养保持均衡就好。

因为晚上常有餐会，所以我一天会分4到5次用餐。午餐不会以丰盛的定食（日本餐厅供应的一种标准化餐饭，一般包含250克主食和几种配菜，配菜有猪软骨、鳗鱼、猪扒、天妇罗等）一次解决，而是吃只有蔬菜或只有肉类的轻食。

当我因为太过忙碌，某一餐只能从便利商店买饭团吃时，下一次用餐我就只吃沙拉。最近，日本很多便利商店都在卖熏鸡沙拉，吃一份就可以轻松摄取到足够的蛋白质，这样说来，就算只吃便利商店的食物也可以保持营养均衡。

事实上，我每隔3~4小时用一次餐，有时是吃正餐，有时是吃点心，所以我的血糖一直控制在稳定范围内。一日三餐或许只是一种约定俗成的吃法，我在谷歌任职时，即使一天吃4~5餐，也依然能保持标准体重。

快餐店的炸鸡块、薯条、汉堡对身体健康没有好处，建议大家不要因为赶时间而买这些食物来打发饥肠辘辘的自己，试着把一餐分成几次来吃。

此外，营养师发布的营养报告显示，以下几种营养素可以帮助大脑高效运作：

◆ 葡萄糖：蔬菜、豆类、全麦面粉等。

◆ 必需脂肪酸：秋刀鱼等青背鱼所含的欧米伽 -3、
   植物油中所含的欧米伽 -6。

◆ 磷脂：大豆食品、鸡蛋等。

◆ 氨基酸：肉、鱼、豆类中所含的蛋白质等。

◆ 维生素：蔬菜，特别是黄绿色蔬菜中含有丰富的维生素。

◆ 矿物质：海藻和菇类等。

（以上仅供参考）

谷歌为什么要教员工做饭

养成良好的饮食习惯最有效的方法之一就是"自己做饭"，
特别是对那些平常基本不做饭的人来说。事实上，谷歌曾对
员工是否自己做饭进行过调查，并展开了料理教学计划。

为什么自己做饭更有益于健康？

因为在做饭的过程中，人们可以清楚地了解到这道菜

需要什么食材、以什么样的方法制作而成。

不管是去便利店买便当还是外出就餐，大家只能看到食物被制作完成后的样子，并不清楚里面具体放了些什么东西。即使便当盒子的成分表上已经标注清楚使用了哪些肉类和蔬菜，但若没有看到完整的制作过程，还是很难判断其对健康究竟有多大影响。

当你自己尝试动手做饭，就会发现"这道菜原来用了这么多白砂糖，我以后要尽量少吃"或是"我以为这道菜很健康，没想到放了这么多油"。这样一来，为了自身健康着想，你就会自然而然地减少吃这些菜的次数。

此外，自己做饭时，你也可以了解到哪些蔬菜更有营养，哪些食材互相搭配既美味又有益于健康。

所谓实践出真知，相较于从书本中学习知识，真正从实践经验中学到的知识更有利于改变自己的行为。无独有偶，近年，哈佛大学也开设了料理教学课程。

做一次饭可能不会给我们带来什么改变，但在吃自己做的饭菜一段时间后，你可能会察觉到自己的身体出现了各种反应。这时，你会更加理解为何"吃这种食材可以改善身体状况""食用这种食材，隔天身体会不太舒服"。因此，每逢周末我都会尽量自己做饭。在做饭时，我除了会关注"自己现在想吃什么""哪种食材搭配起来会使食物变得更加美味"

之外，还会留意每种食材含有什么营养、对身体会产生什么样的影响。在开始制作料理之前，我会对自己说：

"今天，我想吃什么呢？"
"好久没吃鲑鱼了，今天想吃一下。"
"有没有其他料理的方法呢？"
"比起炸鲑鱼，以烤制的方式来烹饪鲑鱼，隔天身体会感到比较舒服，或许以后都用烤的比较好。"

我就是这样如在做实验般地进行料理制作。我很喜欢探索"新食物"，最近则迷上了纳豆。我很喜欢纳豆，一直在尝试各种不同的吃法。我曾试着在纳豆中拌入橄榄油，这种吃法真的非常美味。

所有环节都息息相关，工作安排紊乱时，饮食习惯也会变得混乱，不健康的饮食习惯不只会让你发胖或对身体状况产生影响，还会影响工作效率。请大家务必对烹饪食物投入更多的关注。

多样化的饮食环境

说到饮食，日本是一个相当幸福的国家，因为日本政府非常重视国民的营养摄取情况。现在，一听到"和食（日本人自己发明的食物）"二字，或许大家脑海中马上就会浮现出"健康"两个字，但日本的饮食习惯并非一直如此。

事实上，19 世纪之前，日本人的饮食习惯是非常不健康的。明治时代，有人曾在两艘往来于日本和美国之间的船上针对营养均衡进行过相关实验。一艘船上的船员吃的是当时标准的和食，另一艘船上的船员则被提供欧美人常吃的食物。摄取和食的船员死亡率远高于吃欧美人食物的。这个实验结果促使产生危机感的日本政府决定将改善国民饮食健康作为国家政策之一。西式餐饮的料理方法被带回了日本，并传播到日本各地。

日本虽然在二战时期经历过粮食供给不足的情况，但战争结束后，日本在美国的援助下在全国范围内实施营养午餐制度。虽然产生这一制度的根本原因是美国想把食材强行推销到日本，但也因此改变了日本人的饮食习惯——从摄取大量米饭转变成食用含有蛋白质的均衡饮食。

酒该怎么喝才好

为了与同事或朋友深入沟通，我非常重视"饮酒聚会"。喝下适量的酒之后，沟通会变得更加顺畅，问题是，酒要怎么喝才能不对第二天的工作表现造成负面影响?

关于"酒该怎么喝才好"的问题,我做过各种不同的尝试,最终找出了最佳饮酒方式,具体内容如下:

·充分摄取水分和食物

痛快喝酒的大前提是,要同时摄取充足的水和食物。

餐厅明明特地送上冰水,但有些人却光喝酒,不喝水,这种喝法很快就会醉。为了不那么快喝醉,我只要一喝酒,就会喝下等量的水。此外,也可以比平常多吃一些油脂含量丰富的食物,因为吃下油脂较高的食物后,胃的排空速度会变慢,可以延缓身体对酒精的吸收。或许有人认为食用油脂含量丰富的食物容易发胖,但研究指出,让你发胖的物质不是油脂,而是糖类。

如果在喝了不少酒之后,感觉再喝下去会影响第二天的身体状况,那么不管别人如何劝酒,我都会予以婉拒。

·戒掉"先来杯啤酒"的习惯

大部分日本人喝酒时总是习惯先来杯啤酒,然后再喝日本酒或葡萄酒,但这种喝法非常容易醉。

喝了啤酒之后，啤酒中的二氧化碳会让小肠膨胀，酒精就会被小肠中的血液吸收。不只是啤酒，威士忌、非酒精类的碳酸饮料也一样，只要液体中加了二氧化碳都会产生相同的效果。

如果抱着"大家都是先来杯啤酒，再喝其他酒，我也要一样才行"的心理喝酒会摄取过多的酒精，因此，建议大家不妨戒掉"先来杯啤酒"的习惯，一开始就点自己最喜欢的酒类。

· 喝酒时要有原则

与同事或朋友一起喝酒、培养感情固然重要，但依照符合自己身体状况的方式饮酒，对我来说更加重要。

联谊会上，如果有人问我："要来杯啤酒吗？"我会回答："请给我日本酒。"即使对方反问："咦，一开始就喝日本酒吗？"我还是会坚持到底。

如果是在结婚典礼等活动上，开场的啤酒往往让人无法拒绝，我会勉强喝下，但只会喝一口，然后，马上放下杯子，点红酒或日本酒来喝。

喝酒时要有自己的原则。随着自己的兴致来，虽然喝酒的当下会觉得非常美味，但如果一不小心喝醉了，会对隔天的工作造成极大影响。

当有人劝酒时，我们不妨说：

"我只能喝这么多。"

"我觉得这种酒比较对我的口味。"

建议大家平常多留意自己的状态，找出最适合自己的饮酒模式。如果有人勉强你以不适合自己的模式来喝酒，一定要婉拒。

喜欢过量饮酒的人应该都曾有过在宿醉后的第二天后悔的经历，睡醒后会下意识说出："啊，头好痛，胃里好恶心啊。"当你觉得头痛恶心时，就要检讨自己的喝酒方式，然后，在下次喝酒时，尝试不同的饮酒方式。

我很喜欢日本酒和红酒，而且它们也很适合我的体质，所以我一直喝这两种酒。但最近我也开始尝试喝其他酒类，并留意自己喝了其他种类的酒之后，第二天的感觉如何。我在日本住了17年，却完全没喝过烧酎酒，前几天尝试了一下，感觉不适合我。

此外，我虽然很爱喝红酒，但很少喝日本的红酒，因为日本红酒不仅容易醉，而且第二天睡醒后还会有醉意。在尝试了各个国家产的红酒后，我发现智利和阿根廷产的红酒不仅便宜，而且喝了之后也不容易醉。最近，我的朋友告诉我，有几支日本红酒不容易喝醉人。有了这个新发现，喝酒也变得更令人开心了。

顺带一提，我在喝酒之前，都会在手机上设置一个"少喝一点"的闹钟提醒。所以，我建议那些总是一不小心就喝过头的人，也可以像我一样，在手机上设定闹钟来提醒自己少喝一点酒。

·主动邀请

关于和别人一起喝酒、吃饭这件事，我会尽量记住一个原则，那就是主动邀请他人。

我虽然非常喜欢喝酒，但我只想喝自己喜欢的酒。我不喜欢啤酒，也不爱喝中国酒。我喜欢吃中国菜，但如果吃中国菜，就得搭配啤酒或中国酒，并且我喜欢的红酒和中国菜搭配起来也不是很对味。当受邀参加晚上的聚会时，我又很难拒绝喝自己不喜欢的酒。因此，我决定从一开始就去自己喜欢的餐厅，并邀请自己想邀请的人。吃美味的食物会让我感到满足，和客人谈话时也会特别放松。

健康饮食的"DCA 原则"

最近，社会上出现了大量与健康饮食相关的信息，比如有益健康的食物、有益健康的饮食方式等。我有时也会听在大学教营养学的老师开设的关于食品营养学方面的课程。但是，被大量信息牵着鼻子走并非好事。为了避免发生这种情况，我认为应该亲自尝试，只采用适合自己的部分。

想知道"自己喜欢什么样的料理""什么样的酒适合自己""哪种饮食模式更好"，只能多去尝试。比如，我正在尝试"一日一餐"的饮食模式。事实上，我最近有点发福。过去，靠着"一日4到5餐"的模式，我将体形维持在最佳状态。但最近聚会的频率不断增加，我喝了不少酒，进食的量自然也增加了。因此，我开始寻找更适合自己的、能改善目前状况的饮食模式。

大众普遍相信不吃早餐有害健康，但最近的研究结果却表明一天只吃一餐才有益健康。

食物营养学家们针对"饮食健康"展开相关研究，得到的结果总是不尽相同，有时甚至完全相反，而不从事营养学研究的人很难判断哪种见解才是正确的。我现在还不能确信哪种论调是真的，但在这段时间，我尝试实行"不吃早餐和午餐，只吃晚餐"的饮食模式，并观察自己的身体会出现什么样的反应。

很多人都能在工作上践行"PDCA 原则（plan＝计划，do＝实行，check＝评价，act＝改善）"，我认为不只是工作，这个原则也适用于改善饮食模式及与人生有关的一切。

不过，不用花太多时间在计划（plan）上，而是要着重关注"DCA"。我建议大家在饮食上践行"DCA原则"，坚持一段时间后，观察自己的身体反应。

不管你在喝酒时有多开心，也不管你有多喜欢吃碳水化合物含量高的食物，你都要知道，饮食过量会对健康造成负面影响，让你连本带利地失去一切。

此外，定期体检对维持身体健康也非常重要。因此，请定期接受健康检查，切实掌握自己的健康状况。你也可以使用工具来协助自己维持自身健康，比如，市面上除了有可以记录体重变化的体重计，苹果（Apple）公司和乐活（Fitbit）公司还推出了智能手表，可以持续监测心率等与身体健康有关的数据。

建议大家尽可能地尝试不同事物，丰富自己的体验和感受，利用它们切实掌握自己的健康状态。

适时小憩：让绷紧的神经放松，就会有更好的表现

　　西班牙等国家的公司员工有较长的午休时间，有很多人选择在这个时段睡午觉。或许会有人生气地说："工作时怎么可以这么悠闲！"事实上，午睡是非常合理且科学的行为，因为人原本就是需要午睡的动物。

　　人类的昼夜节律，即所谓的体内时钟，以 24 小时为周期，在下午 2 点到 3 点左右活动力较低。不管你有没有吃午餐，在这个时段都会想睡觉。与其勉强打起精神工作，小睡一下对提升你的工作表现更有效。最近，似乎日本也有公司开始设定小憩时间。

　　关于小憩时间多久为最佳，有各种不同的说法。根据最近的调查结果，小憩时间在 10 到 20 分钟效果最好。就我个人而言，大约需要 20 分钟的小憩时间。

　　若小憩时间超过 30 分钟，人便会进入深层睡眠状态，起

床时，身体会残留着疲倦，对提升工作表现只会起反作用。

为了让小憩发挥更大功效，我会借助一些声音助眠，比如，使用手机上的应用程序（App），播放雨声等环境音。有了合适的环境音协助，即使是短时间的小憩也能有效消除疲劳。许多公司都开发了环境音 App，收录了潺潺的水声、海浪声、雨声等音源，大家可以使用适合自己的。

若想舒服地小憩，建议大家事先找好一个舒适的场所。谷歌公司有专门的员工休息室，如果你的公司没有休息室，也可以选择会议室或会议厅。如果天气不错，吃过午餐后在公园的长椅上小睡一下，你或许会感到非常舒爽。如果没有时间小憩，你可以坐在椅子上，打开环境音 App，闭上眼睛，深呼吸。光是听大约 10 分钟的雨声或潺潺的水声，就足以让你的心情恢复平静，休息也有了效果。

另外，如果觉得自己在小憩片刻后不够清醒，你可以在睡前喝杯咖啡。咖啡中含有咖啡因，在喝下咖啡大约 30 分钟后，咖啡因会到达大脑。因此，若在小憩前喝咖啡，待你醒来后咖啡因正好可以帮助你提振精神。

拥有优质睡眠的诀窍

小憩可以有效消除疲劳，提升工作效率，当然，若只依靠小憩来弥补因长期睡眠不足给身体造成的亏空是不可能的，因此平时拥有充足的睡眠也非常重要。

夜间睡眠是从浅层睡眠进入深层睡眠，然后再回到浅层睡眠，像这样一个周期是 90 分钟。其中，最初的那次深层睡眠是睡得最熟的时候，因此，保障睡眠质量最重要的一点是就寝后最初的 90 分钟一定要睡得很好。

负责为软银集团开发机器人的林要先生经营着一家机器人研发公司。林要先生要求公司的员工每天至少保证 6 个小时的睡眠时间。虽然员工在节假日可以自由活动，但睡眠不足会影响周一上班时的表现，因此，该公司禁止员工出现睡眠不足的现象。不论是从健康的角度出发，还是站在脑科学的角度来说，人每天的睡眠时间都要保持在 7 个小时以上。

此外，美国的一项研究也表明，死亡率的提升和当今人们普遍睡眠不足有关。因此，我建议大家就算为了身体健康考虑，也请务必睡足 6 到 7 个小时。

在相同的时间起床

谷歌公司有一支专业的"睡眠指导团队"。工作忙碌的时候，员工有时可能没有时间睡觉，团队就会指导员工"在固定的时间起床"。

在工作日时，有些人会在相同的时间起床，但一到节假日，熬夜成了很多年轻人的选择，结果很容易一觉睡到中午。这么一来，身体的节奏就被打乱了，周末结束进入新的一周时，身体便在疲倦的状态下开始了工作。我想可能很多人都是如此，这种不良睡眠习惯会破坏体内的节奏，对身体造成负面影响。

因为平时睡眠不足，所以利用周末补眠，或是今天因为加班而晚归，没办法睡太久，那么第二天就会尽量早一点回家，早一点睡觉，应该有很多人抱有这两种想法。然而，科学家的研究结果表明，人是无法凭借补眠来消除身体上的疲劳的。

想要拥有优质的睡眠，睡眠模式非常重要，所以，请你尽量让每天的睡眠模式保持一致。习惯熬夜的人，请试着慢慢将每天的睡眠模式调整成一样的。

如何让睡眠模式保持一致

为了保持一样的睡眠模式，有几个必须注意的重点，其中，最重要的是，睡前 1 小时左右不要看手机或电脑。手机或平板电脑散发出来的光线中包含蓝光，研究结果表明，蓝光的能量很高，晚上照到蓝光会使体内生理钟混乱，引发睡眠障碍。

此外，睡觉前，如果你在社群网站上频繁和别人互动，大脑会因为兴奋而无法进入深层睡眠。如果有在睡前看手机或平板电脑的习惯，请你将屏幕调整成"减弱蓝光、略带红光"的模式。苹果手机和苹果平板电脑都有"夜间护眼功能"，安卓的手机也同样具备"夜间模式"。

我在睡前经常阅读纸质书，由于最近一直没有时间看小说，所以开始读诗。诗虽然很短，但每一篇都有它的含义，细细品味，可以让大脑恢复平静。如果没时间看小说，建议大家读读诗。

睡不着时，可以暂时离开卧室。

当你因大脑太过兴奋而无法入睡时，可以去洗个澡，也可以喝一杯香草茶或热牛奶。最新的研究结果表明，躺在床上难以入眠时最好暂时离开卧室，等到想睡觉时，你再重新躺到床上去。这是根据认知行为疗法所提出的理论，为的是不让大脑留下"卧室是让人睡不着的地方"这个记忆。睡不着时，你不要一直拼命想着"快睡觉、快睡觉"，暂时离开卧室会比较好。

养"睛"蓄锐：4个技巧缓解眼疲劳，重新唤醒活力

一直在笔记本电脑屏幕前工作，眼睛很容易疲劳。当你觉得眼睛很疲劳时，请务必稍微休息一下，在此，介绍几个我自己专门用来消除眼睛疲劳的方法。

· 洗脸

如果觉得化了妆不方便洗脸的话，也可以像某些女性一样，使用芳香喷雾或喷雾式化妆水来缓解疲劳。

· 观看植物

绿色的东西具有放松眼睛的效果。当眼睛疲倦时，你可

以看一会儿绿色植物。有研究指出，以无法看清绿色植物上每片叶子的距离来眺望植物，放松眼睛的效果较佳。

• 冥想

闭上眼睛冥想几分钟。

• 使用道具

市面上有售卖"蒸气眼罩"之类的能够帮助消除眼睛疲劳的物品，可以挑选适合自己的产品尝试消除眼睛疲劳。

坚持锻炼：用"轻运动"改善疲惫的工作状态

运动对维持身体健康来说十分重要。谷歌公司为员工免费提供健身房和瑜伽室，但我想大部分公司应该都没有这项福利。

我在工作的时候，会一直提醒自己：把运动融入工作中。

我喜欢锻炼肌肉。有些人会说，有时间的话，去健身房就可以了。但大部分情况下，我都没有这个时间，所以，我买了杠铃放在家里。在家工作时，我会在工作间隙快速锻炼一下。即便在忙碌时，我也会利用早上30秒的时间稍微活动一下身体。

除了在家锻炼，通勤的路上也可以锻炼身体。比如，在地铁上，如果需要处理电子邮件，就坐下，如果没有这个需求，最好站着。

我在第 1 章介绍过，在谷歌，我们工作时使用的是可升降的桌子，这种桌子非常好用。开会时我们必须长时间坐着，但在开完会回到自己的工位上后，就可以将桌子调高，站着办公。长时间保持一个姿势会让下肢承受过多压力，所以光是改变办公姿势这个简单的动作，就对身体有好处。当你因长时间坐着办公而感到疲倦时，不妨试着站在偏高的柜子前工作。平常工作时，如果你能注意到这一点，相信会有不错的效果。

　　事实上，就算你没有可以调节高度的桌子，但只要记住随时活动身体，也可以达到同样的目的。你既可以专心工作，等下班后去享用美食，也可以在工作间隙品尝美味的食物。和吃美食一样，当你想运动时，也可以在工作间隙运动。比如：在前往会议室的路上，不搭电梯而改走楼梯；在上班路上，如果步行和搭公交车所花的时间相差无几，建议你选择步行。

　　将运动融入工作，对忙碌的人来说是非常有效的缓解疲劳的方法。

小　结

☐ 养成良好的饮食习惯，注意饮食内容。

☐ 喝酒时，要有自己的原则。

☐ 维持健康的诀窍是，在进行 DCA 后，选择适合自己的
模式。

☐ 务必记得打造睡眠的节奏。

☐ 为了达到最佳的工作表现，必须自行管理身体状况。

☐ 忙碌时，可以在工作间隙运动。

第 *4* 章

7 步创造领先条件，打造不疲倦的团队

◀▶ 找原因：3 招体察心理需求，掌握职场人际关系密码

　　我在第 1 章中提到，如果可以适当调整心理状态，你就会很容易进入心流状态。只要能进入心流状态，你就可以在不疲倦的状况下，提高工作效率。

　　也许有人会说："事情根本不像你说的这么简单！"确实，不管自己多么努力地调整心理状态，只要上司突然吩咐了一项工作，你当前的心流状态就会很难再持续下去，因此，有不少职场人士反应："光是待在公司，我就已经感到非常疲倦了。"

　　在序章中我介绍过一项职场调查，调查结果表明，在东京工作的 20~59 岁的商务人士中，有 80% 的人认为"自己在工作中很疲倦"，而导致疲倦的因素中，排名第一的是"在职场上处理不好人际关系"，每两个人之中就有一人表示"曾

经因为主管的一句话而感到双倍疲劳"。

主管说过的话包括：

"这是很基本的工作吧！"

"你连这项简单的技能也不会？"

"关于这点，我之前就已经解释过了吧？"

"你自己动脑筋想一想"，同时却又说"不要擅作主张"。

"你还没做完吗？"

"你到底还想不想继续工作？"

"这是工作，你只能忍耐着把它做完。"

"我看你就不用继续做这项工作了。"

"我看你好像很闲。"

"我现在很忙，晚点再说吧！"，但之后又说"你怎么不早点说呢？"

"没有这样的先例！"

这些话，仅仅是在书本上看到就已经觉得很累了。

没有心理安全感，就无法表现最佳

大多数人都会认同，光是"在职场上处理不好人际关系"

这一点就足以让人疲惫。

"工作本来就很辛苦，还要忍受自己讨厌的主管，我只想赶快把工作做完……"很多人都有类似的想法。事实上，这也正是不少职场人士待在公司会感到疲倦的原因，也是很多企业一直无法提高生产力的原因。

我在第 1 章中介绍了"进入心流状态的 17 个条件"，大家还记得吗？这 17 个条件包括 3 个"心理条件"、3 个"环境条件"、1 个"创造性条件"，以及 10 个"社会性条件"。有一半以上的条件都属于社会性条件，也就是说，员工能否进入心流状态和团队的人际关系息息相关。

你的职场符合哪几个条件呢？

虽然进入心流状态并非需要满足所有条件，但可以肯定的是，人际关系越好的职场，进入心流状态的条件越充足。

人是社会性动物，不能独自生活、单独狩猎，必须和团体一起融入社会、改造社会。如果身陷不安，自然无法有出色的表现。因此，你需要和足够信赖的人建立起良好的人际关系，才能安心工作。

谷歌公司曾聘请心理学者等专业人士，对高生产力团队和低生产力团队的差异进行了调查。

进入心流状态的社会性条件

1 → 明确的共同目标

2 → 良好的沟通

3 → 掌控感

4 → 意识到风险的存在

5 → 严格

6 → 平等的参与

7 → 共通话题

8 → 抛却自我

9 → 倾听

10 → 认同

调查内容包括：扁平式团队和金字塔型团队哪种为佳？在会议中，频繁私下交流的团队和完全不交流的团队哪种更优？员工学历水平相似的团队和学历水平各不相同的团队哪一种比较好？

结果，调查者并没有发现它们彼此间有任何关联。

显然，即使在同一个团队中，不同的人也可能得到完全相反的结果；就算是同一个人，也会因所在团队的不同而有不同的工作表现。

虽然调查一度遭遇困难，但再次深入研究之后，专家终于发现了高生产力团队的共同点，那就是具备与成员产生共鸣的能力。正因为有这样的能力，团队成员才不用为不必要的事情烦恼，并且每个人都能感受到"自己被大家接受，是团队成员之一""在这个团队我可以安心投入工作"，最后团队整体的生产力就会提高。因此，充足的"心理安全感"，可以让员工在不疲倦的状况下提升工作表现。

据我所见，日本唯一的独角兽企业（指创业 10 年以内企业估值超过 10 亿美元且深受投资者追捧的未上市企业）煤炉公司就具有这个特质。

◆ 因为重视工作效率，所以做决定的速度非常快。

◆ 即使是很小的团队，里面的每个人也都很有责任感，不会互相推卸责任。

◆ 出现失误后，便开始打造不会再次犯下相同错误的机制。

◆ 会进行两次以上的任务优化。

◆ 成员善于利用 AI 技术完成自己的工作。

可以肯定的是，煤炉公司的这些团队工作理念，是在有了"心理安全感"后才出现的。

"自我优先"的硅谷式理念不适用的理由

接下来，我就跟大家说明怎么做才能培养出心理安全感。基本上，培养心理安全感最重要的部分并不是针对自己进行的，而是围绕他人展开的，换句话说，就是给予对方或团队成员体贴细心的照顾。

时下，日本正流行一种思维——"以自我为优先"的硅谷式理念，这一理念是十分讲求工作效率的硅谷公司酝酿出来的。在硅谷式的思维训练研讨会上，职员经常被教导要"意识到自己的内心状态，调整工作节奏""用餐时，要用心体会自己内心的感觉"。

我并不是说这种做法是错误的，但光这样做还不够。哪里不够呢？那就是缺乏与"他人"的关联。

上文所说的思维训练虽然十分重视"自我感受"，但却忽视了如何与他人相处。

我在学习"合气道"时，强烈感受到换位思考的必要性。

我的教练告诉我，练合气道的时候，要感受到对方的呼吸，察觉到对方的动作，并加以应对。两个人扭打在一起时，要看对方的眼睛，但若对方太过紧张，则要移开视线，避免受对方的影响。

这一点，体现在工作上也是一样的。

和他人说话时，要透过表象感受对方此时此刻的心情如何。

如果在说话前就持有偏见，认为"这个人有××的先例，做了××工作，所以一定会××想"，然后按照这种偏见和对方谈话，实在不是明智之举。

换位思考不是指一动不动地观察对方，而是要在一瞬间全神贯注，无意识地掌握整体。这样一来，你便可以理解言语无法说明的部分。也就是说，你可以超越语言的阻碍，理解到更深层的东西，比如，"这个人虽然气势很强，但实际上十分紧张"，或是"这个人在谈到××话题时，会比较放松"。如此，人与人之间的沟通就会变得更加顺畅。

把换位思考用在工作上

我在上一节中所说的内容用换位思考来概括是比较合适的，但事实上，这个概念并不是突然出现的，日本文化中就蕴藏着换位思考，本书开头提到的日本人热衷于款待他人便是其中的一个体现。我认为，和同伴一起饮酒赏花也是一种沟通的方式，尽管樱花在短暂绽放后便凋谢，但重要的是与他人一起感受当下那个瞬间。

硅谷的思维训练很早便受到"禅"等亚洲文化的影响。因此，我希望大家可以更加重视如此精彩的文化，并将它应用在工作上。

理解他人情感

理解他人情感是谷歌公司内部的企业文化之一，即感受对方包括情感在内的状态，并加以理解，然后再继续自己的工作。或许大家会认为，这是同事间理所当然做的事，但真正能做到这点的人却很少。

若再进一步仔细说明，理解他人情感的过程可分为 3 个阶段：sympathy、empathy 和 compassion。

◆ sympathy 是同情。

◆ empathy 是共鸣。

◆ compassion 是体贴。

可能大家觉得这 3 个阶段非常类似，但事实上，它们之间有着微妙的差异。

首先，第一阶段的同情，指当你看到同事正在烦恼，你会觉得他"好可怜啊""好悲惨啊"，用英文来说，就是"I

feel for you"。

如果下属和同事遇到困难、正在烦恼，你不能幸灾乐祸或认为与自己无关，而是要抱着同情的态度对待他人，这就是为他人着想。

第二阶段的共鸣，指设身处地为他人着想，与他人共享情感。用英文来说，就是"I understand you"。

在同情阶段，对方的烦恼还是他人的事。现在，我们要把它转换成自己的事。

"如果是我遇上了那种意料之外的麻烦事，应该会很沮丧吧！"

"我理解那种业绩一直上不去的焦虑。"

这种情感转移就是共鸣。最近，研究脑科学的学者也开始分析共鸣的运作机制，比如，让参加实验的人观看因身体上的疼痛而产生痛苦表情的人的照片，研究者发现这些本身没有疼痛的人在看到图片后也产生了疼痛的感觉，并且大脑某些部位也有了反应。但是，共鸣也有副作用。如果共鸣太过强烈，会给自己带来压力，甚至陷入"燃尽综合征"，即因压力过大而陷入空虚、疲惫、自我厌恶等状态。

再来看第三阶段的体贴，指比共鸣更高一级的想帮助对方的温暖心情。用英文来说，就是"I want to help you"。

有趣的是，研究结果表明，接受过体贴短期训练的人会比没有接受过训练的人更加倾向于积极地帮助他人。这一结果表明，体贴的确是可以被训练出来的。

感受到对方的体贴后，人就会产生心理安全感。在这种状态下，大脑才能"自我揭露"，即与他人共享内心感受及信息。

如果不进行自我揭露，你就无法说出自己的烦恼，也无法让他人知道你在追求什么，更不能用言语表达自己的价值观。可能会有人认为，不让别人知晓自己在烦恼什么、在追求什么、拥有什么样的价值观，这样"简单"的人际关系是很利落且有效率的。但真实情况是，大多数员工认为"因为是工作，所以不说真心话""在公司里不能表达自己的情感"，这样的想法非常不利于开展工作。

如果在职场中不能建立起互相信赖的人际关系，员工之间是没有办法流畅沟通的，信息传达也会不顺畅。更糟的情况是，团队成员开始伪装，隐藏不利信息，或团队内部会出现一些莫名其妙的状况。

体贴他人从今天开始

谷歌非常清楚体贴的重要性，针对管理者举办了以"体贴他人"为主题的研习活动。希望大家不要误会，这并不是只有谷歌才能做到的事。其实，"通过体贴对方，使工作变得轻松"是一件很容易办到的事。然而，日本职场却以高压姿态，提出了"工作方式改革"这个概念，将简单事物复杂化，例如：

"为了进行工作方式改革，我们来成立项目小组吧。"

"向谷歌看齐，花两年的时间打造相应的人事制度。"

"写了有关工作方式改革的 200 页企划书，之后送给相关人士阅读。"

…………

日本人似乎很容易把事情想得过于复杂，但其实这是一件再简单不过的事。比如，当你受到来自上司或同事毫不体贴的对待时，你还会信赖他们吗？

在下文中，我将一边比较"疲倦的团队"和"不疲倦的团队"的差别，一边思考如何在不疲倦的状况下提高生产力。

找差别：扫清氛围压力，团队生产力最大化

疲惫的团队：总是在揣测
不疲惫的团队：直接说"我不懂"

2017 年，日本流行语大赏选出了"忖度"（そんたく，中文译为"揣测"）这个词。

来自波兰的我，不明白"忖度"的意思，因而向许多人请教。但每个人说的都不太一样，让我越听越糊涂。最后，我试着询问："在公司里，主管叫你'忖度'一下，你会怎么做？"结果，有人回答："我应该会推测主管的心思，然后在他下次开口之前就采取行动。"

我恍然大悟，原来"忖度"是这个意思。但经常"忖度"不会很累吗？

通常情况下，下属并不知道主管在想些什么，如果找他

讨论，说不定会挨骂，所以只能猜测主管的想法，然后自然而然地陷入疲惫。忖度会造成这样的后果。

人类大脑只能理解"当下这个瞬间"。如果把精力都放在不确定结果且多余的揣测上而无法集中精神工作，便会浪费相当多的能量。如此一来，职员不仅会压力倍增，而且无法将所有能量都投入到重要的事情上，结果就是只完成了自己揣测出的"上司命令自己做的事"。

以上做法往往是疲倦的团队所坚守的工作态度，而不疲倦的团队的成员在面对"不懂的事情"时，可以老实地说"我不懂"，并进一步询问对方，在这样的团队里工作，员工就不需要忖度（揣测）了。

令人感到不可思议的是，很多人会觉得说出"我不懂"，或是向对方发问是件很丢脸的事。大家似乎害怕发问之后，自己会被对方视为"笨蛋"。但如果不把问题弄清楚就懵懵懂懂地推进工作，只会白白浪费自己的时间和精力，完全不能取得进步。

不懂的人认真发问，被问的人仔细回答，这本来就是一件非常正常的事。优秀的人会划分清楚"现在自己知道的事"和"不知道的事"，再进行处理，所以工作效率非常高、速度非常快。

如果员工对"不懂的事"一直无法弄懂，只靠猜测来推进工作，绝对不会有好结果。换句话说，身处于容许发问的环境，员工可以开口询问自己不懂的事，团队成员之间便可以相互信赖，也可提高团队整体的心理安全感。

很多人认为，"信用"的意思和"信赖"很接近，但在我心中，二者的意义截然不同。

所谓信用，指的是如果某个人能够履行诺言，便可以相信他。而信赖则是觉得某个人或某件事的存在很有价值，并且尊重那个人和那件事，属于更深层次的情感交融。

如果我的主管是一个值得信赖的人，我会把心中的想法都告诉他，询问他对我的工作抱有什么样的期待，而我希望主管替我做些什么。通常情况下，主管也会很坦诚地告诉我他的意见。

如果对方值得信赖，是一个什么话都能说的对象，你就不需要多余的"忖度"了，因为你不会陷入"这也不对、那也不是"的幻想，避免浪费多余的能量，可以全神贯注地工作，进而提升工作效率。

疲倦的团队：不说真心话
不疲倦的团队：可以说真心话

以前，我在自己的脸书（Facebook）上进行过问卷调查。

在问卷中，我提出了这样一个问题：你对你的上级领导说的都是真心话吗？调查结束后，我得到了一个非常可怕的结果。

我一共收到了约 250 份回复，其中，8% 的人认为"完全不可能"，加上 17% 认为"不太可能"的人，觉得"不该对上司说真心话"的人占据了样本总数的 1/4。

其中，认为"不该对上司说真心话"的理由包括：会影响上级对自己的评价，即使说了也会被否决，说了领导会生气。

同时，我也在问卷中问大家：你信赖你的上级领导吗？没想到，我得到了更可怕的结果：38% 的人表示"不信赖"。这样的调查结果真的令人感到很悲哀。

我从上大学开始就在各种不同的公司实习，也接触过各式各样的领导。从那时起，我就感觉到"信赖领导的程度会直接影响工作表现"。

当我全身心投入工作中，并得到优异成绩时，通常都是在值得信赖、值得尊敬的领导手下工作。相反，如果我觉得这份工作很乏味、令人疲倦，也拿不出像样的成果时，都是在不值得信赖的领导的带领下工作。

金融界的翘楚——摩根士丹利公司的内部竞争非常激烈，让人身心俱疲。我到现在也无法忘记在摩根士丹利公司任职期间，我碰到的一位英国女性主管。当时我神经紧绷，而这位女主管开口对我说的第一句话就是："如果你有任何需求，请告诉我。"

或许有人会觉得这句话稀松平常，但它却对我的人生观造成极大影响。在那之前，我是一个非常骄傲的人，即使遇到再大的困难，也无法向他人求助。当主管很友善地对我说"什么事都可以讨论"时，我感受到了从未有过的轻松。后来，我非常信赖她，不管什么事都找她讨论，最后，我也取得了漂亮的工作成果。

下属在工作时要带着"有任何困难都可以与领导讨论"的自觉，上级也必须对员工说"什么事都可以与我讨论"。当然，下属没有主见、总是依赖上司的指示工作是不行的，但如果下属可以达到某种程度的独立，同时上司与下属之间可以就工作问题进行讨论，工作就会变得很容易推进。

疲倦的团队：不敢冒险
不疲倦的团队：敢于冒险

日语中的"リスク（risk）"大部分时候都被翻译成"危险"，这个翻译很容易引起人们的误会。根据维基百科的解释，"risk"这个单词源自古意大利语"riscare"，意思是"带着勇气尝试"，其实有时候翻译成"风险"更准确。比如说，想生产一种新商品，虽然需要 50 万日元的投资，但一切顺利的话，说不定可以创造出 5000 万日元的营业额。不过，如果其他公司也针对同一商品投入资金进行生产，这 50 万日元可能会全部泡汤，这就是风险。风险不是单纯的危险，也可能是绝佳的机会。

日本人很容易将 risk 当成危险，必须避免，但就上述所说的，risk 可能会产生正反两面的结果。

大家常说："低风险，低回报；高风险，高回报。"很多时候，如果不冒任何风险，你就无法获得巨大成果，只能眼睁睁地错过可以创造巨大利益的机会。

商场如战场，人们在这里不会永远顺遂，因为经常会发生意料之外的事。但是，如果只因为"似乎有危险"，而永远做着低风险的事，个人及团队就永远无法提高生产力，只能得到很少的利益。

想要冒险，和上司之间就必须有深厚的信赖关系。当你想出一个方案，除了成功带来的收益之外，也要坦诚地告诉主管失败了会有什么结果。主管会权衡利弊，判断这件事有无成功的可能，进而表达他是否赞成。如此一来，下属也可以安心投入工作，或展开冒险之旅，或继续想其他点子。就算遭遇挫折，只要心里想着马上跟主管报告、针对失败进行讨论，下属就不会感到不安，并可以安心地将所有精力投入工作中。另外，在具有强烈心理安全感的团队中，员工即使失败了，也会将失败的经过告诉领导。这种"不害怕失败"的冒险精神对公司的发展有重要意义。

疲倦的团队：任务和期待都很模糊
不疲倦的团队：任务和期待都很明确

如果之前没有和主管建立起互相信任的机制，突然被要求"信赖上级"，不少职员会感到困扰。有些人可能会说："你能遇上值得信赖的上司说明你运气好。"站在管理者的角度听到这样的话会觉得有点遗憾，但大多数人对自己的上司都抱有同样的想法。

无法信赖自己的上司，是传统日本企业共有的巨大结构性缺点，究其根本是在日本职场"任务"和"期待"含混不清。在多数日本企业，员工的任务分工非常模糊。公司里有经理、三管、主任（入职时间久、经验丰富的老员工，属于管理者候补）等职位，虽然有着清楚的上下级关系，而且各岗位的职称也依照资历有着清楚的规定，但这只停留在表面。日本企业最看重的一点就是"员工要成为企业的一分子"，而不是"在其位，谋其职，负其责，尽其事"。

虽然公司会根据部门的不同来划分任务，但这些任务分配得非常混乱，各部门主管也没有受过管理方面的培训，大部分管理者成为主管时都只凭一句："从明天开始你就是主管。"

之后我会向大家介绍，在谷歌等公司是如何清楚划分出管理者的工作的。请大家不要误会，所谓上司和下属，并非只为了区分职位高和职位低，上司有上司的工作，下属有下属的工作，二者的任务大不相同。一旦任务的界线变得模糊，"对对方的期待"也会变得不清不楚。结果，双方的期待当然都难以被满足。而彼此的期待能否被满足，对彼此能否相互信赖而言非常重要。比如，父母会期待孩子"可以好好念书，变聪明"，孩子也会（尽管是无意识的）期待父母"能保护自己"。如果双方的期待都可以得到满足，彼此的信赖感就会提高。

在生活中也是如此，不管你们是朋友关系还是夫妻关系，只要你和他／她在一起时感觉很轻松、和他／她相处得很开心、他／她会做好吃的东西给你吃、他／她跟你讲话时很温柔等，你的内心就会产生一种满足的感觉，进而让人际关系变得更和谐更舒服。明确的期待给人带来满足感，最终，酝酿成彼此依赖的人际关系。

但在日本企业，任务的界定历来非常模糊，上级和下级对彼此的期待也不一样。比如，对于部门新人下属 A，主管心里明明认为"因为 A 是新人，希望他先在 ×× 领域做出一点确实的成果，再交给他更艰巨的任务"，但下属 A 却觉得"身为业务部的一分子，我想做出一番漂亮的成绩。如果可以尝试各种不同的挑战，对部门应该也会有所贡献"。结果，两者的期待出现差异，下属觉得"我这么努力，却没有受到赞许"，主管则认为"尽做些没有用的事，对待工作非常草率"。还有另一种情况，上司没有告诉下属自己对他有什么期待，下属心想"反正自己不被看好，那就索性什么都不干"，因而无法鼓起干劲卖力工作。

在这种情况下下属不知道上级对自己的期待是什么，上级也不知道自己应该扮演什么角色，只说了句"你自己想一想"，然后就什么都不管了。最糟糕的情况是，双方都不知道彼此有什么期待，最终下属只得草率地完成了被指派的工作。有时我会觉得，日本企业发生过的"篡改产品数据"这类造假事件，就是由于这种原因。

因此，期待要越明确越好。

谷歌的人事考核制度对管理者的职责有着清楚的评定标准，在上司和下属的一对一谈话中，上司会明确传达"我期待你能做到 ×× 事""我希望你立下 ×× 的目标，以 ×× 的方法来推进"，而下属也可以从谈话中清楚了解到"如果我按 ×× 方式推进工作，就会得到 ×× 的成果"。正因为彼此都很清楚对对方的期待，双方才能没有任何疑惑地开展工作。

身居管理层的人在向下属分派任务时，必须明确告诉团队成员"我期待你做到××事"，将自己对他的期待清楚地传达给对方。

疲倦的团队：推卸责任
不疲倦的团队：彼此坦诚，共同进步

只会追究责任——非建设性沟通的内容之一。

只要一出现问题，就说"这是××的错，和我无关"，每次都把过错推给别人，而不思考出现问题的根本原因，是无法推动工作往下一阶段迈进的。

在此，我想介绍发生在煤炉公司的一个例子。

我曾为煤炉公司的科技会议提供协助，也出席了事后的检讨会。在检讨会上，我发现了一件事，那就是——煤炉公司的员工不会把过错推卸给别人。

在检讨会上，参会者坦诚地说出自己哪里没有做好、哪里做得不错。在会议尾声，会议主持人召集失败组人员进行讨论和总结，并最终得出了解决方案。

在煤炉公司，就算出现问题，也是大家一起检讨，目的并不是将过错怪罪给任何人，而是要研究出不会再次出现同样问题的机制。因为大家都是抱着这样的态度进行建设性沟通，所以可以公开提出自己感到疑惑的地方，也会利用会议上的讨论来推动团队的发展。

或许这种会议形式建立在完整的商业模式基础上，但通过在会议上自我揭露和与其他同事进行建设性谈话，让工作可以继续向前推进这一点，非常值得大家学习。

做团建：告别"形式主义"团建，建立可信赖的团队

在企业就职的主管曾多次问我："如何打造可以相互信赖的团队？"这个时候，我一定会反问："你们最近一次和团队成员一起去喝酒是什么时候？"大部分的时候，我都会听到这样的答案："太忙了，没时间去。"或是："什么时候啊……想不起来了。"

接着，我就会说："与其来我的工作坊上课，不如和团队成员一起去喝酒，那样可能更省钱。"

很多公司为了团队建设，会重金聘请外部讲师举办"团队打造"之类的研习活动。但是，与其这么做，还不如找机会和团队成员们一起喝酒，不但省钱，效果也更好。

在日本，"饮酒沟通"或许已经变成"死语"（曾经一度非常流行，现在已经没人说的话语）了，但以前的日本企业

非常流行饮酒沟通。事实上，饮酒沟通有时候会带来极大的正面效果。三杯黄汤下肚后，所有人都会更放松，上司和下属之间也可以说说真心话，甚至可以进行某种程度的自我揭露。

我的意思并不是要说以前那样比较好，因为在过去的日本企业并没有责任分担制度，很多管理者即使当上了主管或经理，还是没办法做好管理工作。即便如此，因为有饮酒沟通，上下级之间的互动比较频繁，还是能够建立起彼此信赖的关系的。

现在，日本企业依然存在过去那种分工不明确的缺点，但员工之间沟通的机会却大幅减少。在不能对同事讲真心话的职场上，员工很容易缺乏心理安全感，公司里也会弥漫着一股不安的气氛。

如果无法空出晚上的时间或团队中有很多人并不喜欢喝酒，也可以选择一起吃晚餐或是在咖啡厅喝咖啡。简而言之，重要的是在可以放松的场所，和团队成员一起用餐、喝酒。

我在谷歌公司任职时，会很刻意地以大约一周一次的频率和公司的人一起去喝酒或吃饭。也得益于公司有员工餐厅，团队一行人下班后才可以马上吃到饭。有的团队会在周一举行团队会议，地点不限于会议室，如果大家都觉得在咖啡店或酒吧比较放松，也可以满足大家的期望，把会议地点定在那里，员工可以一边喝一边开会。有些团队则会利用周五的公司总结大会，和成员聊聊近况。

　　我现在任职的公司没有那么多人，所以全公司大约一个月聚一次餐或喝一次酒。如果能够打造一个轻松的环境，让所有人都能自由发言，说出在办公室不好开口的话，就可以以此了解彼此的状况。如果大家都觉得"在这里可以放心讲话"，企业也就可以进一步向"无压力公司"迈进了。

即使受邀参加聚会也不知道要说些什么

　　如果团队没有举办聚会的习惯，团队成员也从来没有接到过上级的聚会邀请，就突然受邀参加聚会，当事人可能会很紧张，也有人发愁不知道该在聚会上说些什么。

　　这样的话，只要自己先跨出第一步就可以了。

　　比如，同事之间可以先开口邀请对方："今天要不要一起吃午饭？"然后告诉对方："已经一起工作3年了，现在才找你一起吃饭，我们都没有聊过除工作之外的事吧？"或是上司和下属说："有的时候，因为太过疲惫而无法和大家有更多交流，实在是很抱歉。事实上，我有5个小孩，假日时我会带着孩子们到外面玩，可能是因为我年纪大了，总是觉得非常疲倦，以至于有时候我会面无表情，这不是你们的问题，而是因为我一整天都在带小孩，实在是累坏了。"

只要你率先说出这样的话，对方会觉得那下次自己也可以讲讲类似的话。这样一来，你就可以了解到过去从未知晓的对方的状况，也会注意到对方最近工作到很晚原来是这个原因。当对彼此的工作和生活有了一定的了解之后，就可以为他提供更合适的支持。

有时候对某些人来说，有可以倾诉的对象，让别人知晓自己正在面临的问题，就会感到十分安心。

身为下属的你，不妨试着问问上司："您的梦想是什么？"对方可能会因为很少有人问到这个问题而对你畅所欲言，你或许也可以借此进一步了解公司今后的发展方向。此外，"经理小时候是个什么样的孩子呢？"这种话题对了解对方也很有帮助。

让对方可以自然地自我揭露

问题有两种：浪费时间的问题和改变人生的问题。想让对方自我揭露，就必须不断地提出后一种问题。

如果有同事因为客户完全不想听自己的提案而感到烦恼，那你可以和他展开建设性对话。你可以说："你很希望对方可以更加尊重你的提案，对吧？""你觉得通过这次合作，在工作上或和对方的关系上会有什么变化？""为了让对方接受你的提案，你做过什么尝试吗？""如果没有，要不要现在试试看？"不断重复提问，直到能够具体了解对方想请你帮忙的内容。换句话说，重要的是，你要提出"足以让对方发现其行动信念和价值观"的问题。

相对的，所谓"浪费时间的问题"指的是以事实为根据来寻求"正确答案"的问题。比如，只问"早上吃了什么"或者"周末要做什么"这些只需简单回答就可以结束的问题。

善于让对方自我揭露的人，是值得继续接触下去的，因为对方可以借着回答你的问题，发现自己"想做什么，接下来该做些什么"。能够提出"好问题"的人值得信赖，也会让人之后还想找他讨论。

"因为工作很忙，没有时间和朋友或同事聊天。"我知道大家都很想这样说，但这是把因果关系颠倒了。不进行沟通，缺乏心理安全感，结果引发了各种不安和不信任感，导致你无法专心工作，也无法提高生产力，结果就是，不论什么时候你都很忙碌。

首先，从把点心分给别人吃开始

如果觉得自己举办聚会的门槛太高，主动邀请坐在隔壁的同事一起去吃饭也可以。如果连这点也觉得很难做到，可以把从便利商店买回来的点心或者把旅游时买的特产分给同事们。关键是，就算只是一件很微小的事情也要"自己主动"做。不要等别人来找你参加聚会或邀请你一起吃饭，要自己主动邀请别人，先把点心分给别人吃。在下班后，如果有想去的店，可以顺便邀请公司的同事一起前往。带着"主动"的态度与同事沟通，逐步建立起良好的人际关系。

重职责：2 个关键重建领导力，"帮"下属把事做好

在前面，我们介绍了疲倦的团队和不疲倦的团队，我认为，管理者拙劣的管理方法会打造出"疲倦的团队"和"低生产力的团队"。

之前提到，在谷歌以及我过去任职的其他跨国企业都有非常明确的分工。在跨国企业，主管，即管理者，应尽的责任就是"管理"。普通职员晋升成管理者，或者以管理者的身份被录用的人，都会被告知"你的工作就是管理"。如果管理者过去没有任何管理方面的经验，就必须参加相关培训，学习管理方法。

之前介绍的 re:Work 网站，就是以谷歌培训管理者时所使用的数据为基础打造而成的，上面也有许多其他公司的个案，新上任的管理者可以从中学习。

网站上的内容包括：

◆ 团队的目标设定。

◆ 人才的雇用方法。

◆ 人才开发。

◆ 管理者的培育。

◆ 根据资料进行人事分析的方法。

在管理上，日本企业又是如何做的呢？假设某个职员被晋升为主任或主管，那么他的上级会对他说："恭喜你升为主管 / 主任！"听到这句话的员工，通常就是直接回到自己的座位，继续做着和之前一样的工作，但这是不对的！当普通职员变成管理者后，工作内容必须彻底改变。成为管理者的职员应该把成员集中起来，设定团队共同的目标，然后分别和团队的成员深入谈话。

管理下属的方法决定了下属对领导管理能力的评价。让不擅长管理的职员充当管理者，会得到不好的评价，如果成绩太差，就应该被卸除管理的职务。

我偶尔会听到团队成员的抱怨，他们觉得让下属疲于奔命的上司实在很糟糕！担任管理者却不懂得如何管理，只会给公司造成损失。

下面我将为大家说明管理者必须尽到的基本职责，接着，再介绍如果职员运气太差遇到不好的管理者时，有哪些方法可以应对。

每周一次"一对一谈话"

我在之前出版的书中说过，任职于谷歌时，我每个星期都会找一天，和团队成员进行每人一小时的一对一谈话。谈话内容基本上都交由团队成员自己决定。其中，有人希望我能针对资料汇整工作提出一些建议，有人想和我聊职业生涯规划，也有人只说了些不着边际的话就结束谈话。

除了这些，我还会询问一些基本问题，包括：

◆ 最近在工作上的进展。

◆ 这周打算做些什么？

◆ 为什么没能按照预期完成工作？

某些管理者可能会觉得做这些事很浪费时间，但对我来说，一周只要为谈话做一次准备，并在谈话中明确表达自己的意思，在谈话结束后的一周时间里，成员来找我讨论的次数就会变少，如此一来，我可以全神贯注投入工作的时间便增加了。

站在团队成员的立场上来说，他们每周都有 1 小时的时间可以与上司进行平等的交谈，让上司听他讲话，如果在谈话中可以得到领导的支持，之后就可以更加专注地投入工作。

这种一对一的谈话看似很耗费时间，事实上，它确保了上级和下属都有"完整的时间"安心进行工作。

我认为，如果上级说出"你为什么不早点说呢？"或"你连这也不会吗？"，那只能表明管理者的管理工作没有做好。但是，这并不是不可改变的问题，只要每周进行一次一对一谈话就可以解决。

需要通过一对一谈话确认的重点如下：

·聆听工作过程

虽然获得工作成果非常重要，但并非只要能获取成果，不管花多少时间都没关系。在一对一谈话中，管理者需要明确以下两点内容：

◆ 你想让他/她什么时候完成？
◆ 你预计他/她会做出什么成果？

谈话针对上述两点进行讨论，每周确认进度，同时为部下扫除障碍，这些都是管理者应尽的责任。如果管理者没有尽到自己的责任，却要求团队成员拿出工作成果，或是在加快工作进度的前提下减少加班，只会给成员徒增烦恼。

团队上下一起解决问题可以培养出信赖感。只要有好的管理者，团队成员就可以成长，就会更加信赖管理者，更愿意和他相处。

· 在工作过程中提供支持

与团队成员就工作过程进行沟通也是管理者的责任，平时，只要稍微和下属聊一聊，就可以大概了解到他们能胜任什么样的工作、目前还不具备的工作能力、当前遇到了哪些困难。

然而，很多管理者却没有做到这些简单的事。我经常在日本职场上看到，管理者不管下属是否具备相应的能力，就粗略地把工作分派下去。比如，在没有给下属提供任何有效信息的情况下，就让他去调查"能让高中生接受的宣传方式"。下属接到这样的命令，自然不敢怠慢，但他也不知道该如何进行，只能针对宣传方式一个个地调查，这样一来，即使加班时间增加了，工作结果可能也不会太好。

如果下属可以在工作开始前就询问上级："我该怎么进行这项工作呢？"或者上级在发布任务时主动告诉下属"我们试着研究一下××""建议你可以看看××网站""可以参考××数据"，如此就不会白白浪费时间，也能加深彼此的信任。管理者自顾自地分派工作，而搞不清楚状况的下属虽然嘴里说着"好，我知道了"，其实他们心中非常惊慌，只想将自己没办法完成这项任务的事实隐藏起来，不让别人发现。

正因如此，我才会希望管理者在一对一谈话中，能够针对"工作是否按照进度推进""是什么导致工作没有进展"等问题和下属展开讨论，以及时调整工作方向。

· 也聊一聊工作以外的事

或许有些人觉得工作时不该谈论私人的事，但现实情况是，团队成员在公司工作的同时，也拥有各自的人生，工作和生活是互相交织且不可分割的。所以在每周进行的一对一谈话中，偶尔也可以聊一聊工作以外的事。比如，你可以询问对方："你最近气色不太好，是不是发生了什么事？"也许他们会回复："是的，我家人住院了。"

如果你们的话题围绕工作、职业生涯展开，再延伸到家人，那你们就能培养出相互信赖的关系。

建设性沟通的第一步——从发问开始

"你连这个也不会吗？"

"我之前就说过这点吧？"

上面这些典型的训斥话语都会让下属备感疲倦，如果你的上级经常说这样的话，那代表他的管理能力很差。要改善这种情况非常简单，那就是进行建设性沟通。换句话说，就是用发问与确认状况代替指责。

不要说	而要说
"你连这个也不会吗？"	"你碰到了什么困难？"
"我之前就说过这点吧？"	"这和之前的情况有什么不一样？"

首先，抱着人性本善的原则来聆听下属说的话。此外，当下属找自己讨论时，不能只说自己的经验，建设性沟通的第一步——试着询问对方："你打算怎么做？"。

当你迈出了建设性沟通的第一步，对下属来说，你就是可以与他/她一起解决问题的上级，他/她会开始对你产生信赖感。而通过清楚的说明，再遇到类似事情时下属就可以自己思考并处理问题了。

如果管理者没有和下属提前沟通的习惯，面对下属的询问，他可能会粗鲁地说："少废话，做就是了！"而下属也会在心里嘀咕："真搞不懂为什么一定要做这个工作。"

管理者面对下属的提问能诚实应答，让下属感受到自己的体贴，是建设性沟通的关键。

脸色阴沉的日本经理

之前，曾有大型企业委托我举办过以"工作方式改革"为主题的工作坊。

当我对"如何才能快乐地不疲倦地工作"进行说明时，大多数员工马上露出兴奋的表情。但是，有一个团体从头到尾都绷着一张脸，那就是中间管理层——经理。因为他们的脸色实在是太阴沉了，我忍不住在演讲中提到："和下属相处时，表情必须开心一点哦！"

我问他们："你们的脸色为什么这么差？"

他们回答："因为我们很忙、很累。"

我又问："为什么你们会这么忙？"

这次他们并没有回答我。

简单来说，他们都是"校长兼撞钟（planning manager）"，负责的工作内容和下属一样，所以没有时间做真正的管理工作。即使他们作为名义上的管理者出席了公司高层才能参加的会议，但在会议结束后，又得投入到非管理性工作中。而这时，如果团队成员有什么问题，他还要配合处理或为其出谋划策。这种现象导致中间管理者像普通职员一样疲于奔命。

所谓管理，指管理者要思考如何提高产出、制定目标、推动工作开展、帮助下属以让他们顺利完成整个流程。

日本企业中层领导与下属发生矛盾的频率远比欧美企业多，而且情况更加严重。中层管理者需要负责的工作内容有很多，到了实际执行时，很容易同时受到上级和下属的影响，这一现象让中层领导左右为难。事实上，许多中层管理者都患有不同程度的抑郁症。

我理解这种辛苦，但管理者若能以"一对一谈话"等方式，倾注全力培养下属，等下属与自己之间有了信赖感之后，再分派任务，双方工作起来就会比以前更加轻松，而管理者也能从中学习。

有很多人虽然看起来很忙碌，却不知道自己在忙些什么。建议大家从前文提到的方法中至少选出一个做得到的，试着改变自己。

解疑惑：及时解答下属疑问，掌握建设性沟通法

站在非管理者的角度考虑问题，或许有人认为"愿意耐心听我说话的上级领导应该不存在吧"。但是，当上级领导说出"你连这个也不会吗？"的时候，其实他对自己无法和下属进行有效沟通这件事也备感压力。

如果想打造沟通顺畅的人际关系，自己就要先耐心倾听对方说话。你在谈话过程中有疑问，马上向对方表明，如此才算是建设性沟通。

向上管理

在国外，大家经常说要"manage your manager"，顾名思义，就是向上管理。

也就是说，面对没有尽到"管理者职责"的上级，下属

要主动询问工作成果，如果团队工作进度落后请他稍微调整，以便按时、按质、按量完成工作任务。

如果上级和团队成员没有进行一对一谈话的习惯，团队成员可以请团队领导每星期预留出一部分时间，和大家一起讨论这段时间想要达成的工作目标，以及大家作为下属可以做到的和不能做到的事。如果能以此推进工作，取得成果，上级可能就会开始和团队成员进行一对一谈话。

这个过程需要时间，也极其考验人的耐心。刚开始你或许会因为无法表达清楚自己的意思而感到压力，因此，即使在工作之余，你也要抓住机会和其他人进行沟通，以此为练习。

如果因管理者没有履行管理职责而拖慢了任务进程，部下可以要求上级去做他该做的工作、思考他应该思考的事。上级没有完成他该完成的任务，下属也有责任督促其完成。

如果在没有任何交代的情况下，上司很草率地分派了工作给你，那么你就要问清楚：完成期限是多久？为什么要做这项工作？

当你正在做任务 A 和任务 B 时，却被分派了任务 C，你需要沟通清楚：A、B 和 C，要先做哪一件？或如果做不完的话，可以明天再完成吗？如果能把这些问题搞清楚，说明你们进行了建设性沟通。

当上级说："你连这个也不会吗？"

进入心流状态的社会性条件

针对管理者

✗ "以前说过了吧？"

✗ "这个也不会吗？"

○ **"发生了什么事？"**

○ **"这和之前有什么不一样吗？"**

针对团队成员

当主管说："以前说过了吧？"

⟶ **"你以前说的就是这个吗？"**

"连这个也不会吗？"

⟶ **"这里我不懂，请告诉我更具体的信息。"**

⟶ **"如果是 ×× 先生的话，他会怎么做呢？"**

"这个工作交给你做。"（草率分派工作）

⟶ **"需要在什么时候之前完成？"**

⟶ **"为什么需要做这件事？"**

⟶ **"这种做法好吗？"**

134

这时你要说："麻烦你设定出一套让我可以学会做这件事的方法。"

如果只是把压力推给对方，只会让对方更生气，因此要告诉对方"如果是 × × 先生的话，这个时候会做 × ×""我想知道详细的方法，请您花一点时间教导我"。

此外，比询问"该怎么办"更有效率的办法是事先准备好几个方案让对方选择。

记录非常重要

若想顺畅沟通，记录非常重要。

经常把"这点以前就说过了吧"挂在嘴边的主管很可能把握不好工作进度。这个时候，只要员工在工作记录本上或者电子文档上记录清楚主管交代的任务、任务的具体内容，就可以减轻彼此的负担。除了会议内容、上级交代的任务、领导说过的话，你目前正在进行的工作也要记录清楚，以便必要的时候进行汇报。

将接下来要做的事、正在做的事和已经完成的事记录下来，并以此为根据，沟通就会变得更容易。

下属言："按照上周你对我提出的要求，这个礼拜我做了××，下周我预计做××，这样有没有问题？"

上司言："希望你可以优先处理××，那件××可以先放着。"

人类的大脑不擅长记忆大量信息或是让模糊不清的记忆变得清晰。人一旦感觉到压力，注意力就会转移到压力上面，因而只要有任何模糊不清的事出现，整个人就会变得非常在意给予自己压力的事情，并陷入不安。因此，以纪录为根据，沟通会变得更顺畅，压力也会减轻。

我在谷歌任职时，我们团队的成员会在谷歌的共享文档上写下工作内容，并且一边讨论，一边记录。这样一来，团队的每个人都共享一份数据，对于没时间做记录的人来说，这份共享文档会让他们轻松许多。通过清楚记录信息、共享信息，减轻大脑的负担，人也就不那么容易疲倦了。

◀▶ 调心态：肯定自我价值，摆脱沟通疲倦

不竞争

为了不让自己陷入疲倦，我有一个方法，那就是不要把竞争当作一件很重要的事。现在的我，在事业上完全没有感受到任何竞争，或者说，我丝毫没有在想竞争这件事。虽然可能成为我的竞争对手的知名顾问非常多，但我从没想过要和他们竞争。我的态度倾向于"我的敌人是现在的自己"。

怀着这样的态度，在说话时，我会很自然地怀疑自己的意见，反省自己是以什么样的前提或价值观在说这些话。换句话说，就是有一种照镜子的感觉。

虽然我们处在一个充满竞争的世界，但如果满脑子只想着竞争，自己的核心就会摇摆不定。这个时候，你要把自己

当作竞争对手，思考自己的想法是否能够实现，并通过执行计划以接近自己的理想。

掌握整体

来到日本后，我爱上了合气道。

在练习合气道的过程中，我发现了另一种沟通方式。练合气道时，教练会提醒我们"不要只想着攻击"，这一点非常重要。比如，当你和某人对打时会很紧张地想："对方到底会怎么攻击我呢？"

就在这个时候，对方已经一拳打过来了。然后你开始慌张并意识到"他开始攻击了，我必须要躲开"。

拳头打到眼前再采取行动已经太迟了，你会被狠狠地揍一顿。

专心观察对方的一举手一投足、随时躲避攻击已经让你筋疲力尽。紧接着，一拳头打了过来，然后是肘击，再之后就是脚踢…… 你不断被攻击，毫无还手之力

那么，该怎么办才好呢？

在这里我向大家传授一个技巧——将四周视为"周遭视野"，即将四周当成一个整体来看待，包含对方和对方所处的空间。

若能将对方的整个身体当成周遭视野，就可以提前感知他接下来会做出的攻击。不要特别专注于某一点，而是要感受周遭的整体状况。在进攻开始之前，首先确定：你们是位于比赛场地的正中央，还是墙边？如果你们是在屋外对打的话，你的脚边有什么东西？如果对方出拳或用脚踢过来，自己如何才能躲开？怎么反击才最有效果？在进攻开始后，不要经过大脑思考，而是在预设情境的基础上依靠身体的本能展开行动。

当你在公司上班时也一样，一边感受周围的状况，一边掌握对方的状态，自如地接受对方传递的信息并响应。不要情绪化地说"我做不到"，而是要说"主管，可以告诉我这几项工作的优先级吗"或是"今天我不在状态，如果可以等到明天，我能把事情做得更好"。

不要忽略自己的感受

大家曾有过这样的经历：不管是工作上还是在生活中，我们经常被别人要求做某些事。就算我们心里有疑惑和不满，不知为何要做这些事，还是会很自然地说"好的"，答应对方的要求。

当你对这项任务感到疑惑或反感时，说明你的价值观和信念与对方的期望不是那么契合。这时候，请不要忽略自己的感受，不管是疑惑、不满还是其他。如果忽略了自己的感受，接受了工作，你就会陷入不良循环。

"为什么自己会感到疑惑呢？"
"就算慌慌张张地把被交办的工作完成，薪水也不会变多，我自己也不会开心。"

请各位务必意识到疑惑的存在，正视疑惑产生的根本原因，找到疑惑的根源——自我价值观。

重参与：激发成员责任心，打造有归属感的团队

"因为我不是管理者，所以团队的一切事务都与我无关。"

或许还有人抱有这种想法，但这是不对的。事实上，不管在什么样的团队，团队成员之间都会对彼此的工作方式产生影响。在谷歌，包括新员工在内，都被要求必须给周围人带来正面的影响。和周围人进行建设性沟通，建立良好的人际关系，并给予所有人正面影响是每位成员的责任。

是时候改变了

我要讲一个故事，这个故事发生在一位任职于某大型日企的年轻女员工身上。这位女员工有着强烈的求知精神，为了

在工作中有突出表现，为公司做出贡献，刚入职就做了各式各样的方案，以改善现有的工作方式，但主管却跟她说："不要做新的事情。"

所谓"新的事情"就是指没有人做过的事情。因为没有先例，所以不要去做。

我一直在琢磨"没有先例的事不要做"这句话的意思，与这句话意思差不多的还有"继续做同样的事"，这句话听起来就相当于"你就是不需要思考的奴隶"。

如果这样的人来当我的主管，我一定会非常厌烦他但也无计可施。我认同这位年轻女职员的做法，虽然不知道最后能否有效果，但我们一样可以展开行动。

日本的大型企业之所以存在很多问题，是因为上级和下属之间没有建立起良好的人际关系。如果没有"互相信赖、彼此尊重、想助你成功"的上下级关系，岗位分工就会很模糊。每当职员遇到自己不能决定的事，他们就会很烦恼到底要不要找主管讨论。如果这种情况经常发生，就会给自己平添很多压力。但是，这样的担忧其实很多时候都没有根据，只会让自己疲惫不堪。为了改变这种状况，当主管说"不要做新的事"时，不妨试着问一问"为什么不能做"或"哪些事情才能去做"

勇于担负起更大的责任

　　我经常觉得，日企里的管理者并没有发挥出太大的作用。上司和下属之间从来不会进行一对一谈话，也没有建设性沟通，上级不将他的期待告诉下属，导致下属工作时没有目标。这么一来，双方都会陷入疲倦的恶性循环，更无法取得工作成果。但是，这种现状并不是无解的。针对以上现象，我提出了一些可以让管理者展开行动的办法。比如，下属可以试着问主管："我这份工作已经做了两年了，现在做出了××成果。如果我想往下一个阶段走，需要具备什么条件？我该设定怎样的目标？"或许主管会说："我现在没空跟你说这些。"不要气馁，多试几次，请主管抽空回答。你还可以询问其他问题，如"我要去问哪位经理比较好""如果没有具体意见，请主管告诉我，我该往哪个方向努力"等，除了询问主管的具体意见，也可以将你想做的事积极地告诉主管。不管结果如何，自己都要努力继续争取。

　　自己不主动与上司沟通，总是默默等待上司找自己，终有一天会放弃与上司沟通，甚至离职。但是，如果一个人无法主动与上司沟通，即使加入新的公司，可能也会陷入同样的恶性循环。

　　不畅通的沟通最常引发的后果是，员工直到辞职时才和上级说出心中的想法，但为时已晚。所以，在说出"我要辞职"之前，最好先告知对方"两三个月之内，若不能和我一起打造出往下一个阶段进发的职业生涯计划，我就要辞职"，把事情沟通清楚比较好。

很多人的辞职理由是"管理者很差劲"，但这些人并不清楚，导致他们最终离职不仅仅是管理者的问题，职员自己也没有尽到责任。

大部分人都会尽职尽责地完成"眼前的工作"，但是，对于最后能拿出什么样的成果、如何让管理者展开行动这些重要事项却毫不在意。然而，这些才是员工最该持有责任感的方面。

"为什么大家只会抱怨，而不愿对自己的人生负责？"我想要大声质问。

如果你做不到让主管尽到职责，就试着做现在可以做的事。被骂就被骂，有什么关系呢。只要你知道"为什么会被骂"，就可以往下一个阶段迈进了。

小　结

☐ 疲倦的团队也是所有人一起"打造"的。

☐ 坦白自己"不知道"，日后势必有所成长。

☐ 要分清楚任务和期待。

☐ 有效运用一对一谈话机制。

☐ 要有意识地进行建设性沟通。

☐ 遇上糟糕的主管要善于向上管理。

第 5 章

掌握不疲倦工作法

◀▶ 改变工作方式，让人生幸福翻倍

"创意经济"，指通过对知识产权的开发创造财富和就业机会的新经济模式。日本企业在这一方面发展得非常有限，员工的危机意识也很薄弱。

20世纪后半叶，世界经济模式快速转型成知识经济模式，白领阶层劳动者需要具备高水平的专业能力。但是，随着科技的发展、网络和笔记本电脑的普及，专业水平要求较高的工作岗位，通常会被"外包"。外包，即因企业人力不足，将非核心业务委托给外部的专业公司，以降低营运成本。一些固定的事务性工作也可以借助笔记本电脑来完成，或是外包到薪资较为便宜的地区。

现在，世界正处于从知识经济转型成创意经济的时期。

通过创新打造新价值是创意经济的本质。在知识经济模式下，白领阶层只要能有固定的产出就够了，但到了创意经济时代，光是这样可行不通。只有能从零开始酝酿出新价值

的人才和企业，才能在创意经济时代存活下来，

创造出新的价值需要员工依靠掌握的最新信息并加以分析，再加上必要的直觉才能创造出来。如果一直做着和以前一样的工作，不管做多久，员工都无法创造出新的价值。

先前所述，每小时劳动生产力指每工时所创造的附加价值，因此，以延长工作时间来弥补附加价值不足成为常态的企业，生产力自然越来越低。

为了创造新价值，企业员工必须具备热情与创造力。

大家或许认为是因为自己缺乏热情与创造力，才会在工作中精疲力竭，无法取得任何成果，但事实正好相反。你总是非常疲倦，或是做着在疲倦状态下也能做的工作，导致你的热情和创造力都大打折扣，所以才会没有成果。

相较于制造业，创意经济时代的工作方式更接近过去的农业经济。不过，与农业经济相比，创意经济中重要的条件不是天气，而是职员的能量。只要善于提高自己的能量，职员就能酝酿出更高的附加价值。

持续且幸福工作的五大阶段

现在的日本职场，一说到工作方式改革就一定会提到远程

工作、超值星期五（premium friday）等缩短工时的政策，但真正重要的并不是这些制度。

想要可以持续地、幸福地工作，必须经历以下 5 个阶段：

◆ 认识自我。
◆ 自我揭露。
◆ 自我表现。
◆ 自我实现。
◆ 提高自我效能。

认识自我就要知道自己的价值观是怎样的，以及想对社会造成什么样的影响。自我揭露则是告诉别人自己想要什么，以及自己所描绘的未来和想达成的目标，能做到这一点，自然也可以做到自我表现、自我实现。这么一来，就能以基于自我价值观的形式，接受周围人的评价，提高自我效能。

让工作保持"give and take"平衡

为了能够幸福地工作，就必须思考如何在工作上达到"give and take"平衡。换言之，就是清楚自己想通过工作给自己带来什么、实现什么，以及想通过工作得到什么东西。

有人可能不清楚什么是"give and take"，我在这里给大家介绍一下，比如说，我想打造一个所有人都能实现自我理想的世界，这是一个使命，属于"give"。而我想获得的东西是通过工作带来的，这是"take"。

当 give and take 形成一个良性循环，就会产生能量。不管是疲倦时、发呆时，还是情绪低落时，这种能量都让你有动手去做的动力，这就是我在本章开头所提到的"热情"。

一位出版社的编辑曾对我说，他想出版对工作有帮助的书，因为他认为如果有人读了书，并将学到的工作方法应用到工作上，或许可以改变那个人的一生。正是基于这种积极的价值观，他才一直从事这份极富意义的工作。

但是，如果这位编辑只是因为每月有固定的业绩目标，所以必须不断出书，那么他就只是徒增疲劳而已，无法找到工作的意义。

如果你是抱着前一种心态工作，并想达到前者的工作成果，你必须彻底认识自己，必须了解自己的价值观，必须找出自己的强项和弱点。只有足够了解自己，才能准确揭露自己的烦恼和喜悦，并加以表现。然后，自我表现就会带动自我实现。例如，当你立足于自己的价值观创造出来的工作成果受到认可、收获好评，这份工作也被称赞为"很棒的工作"，你会感觉非常幸福。而当你有了自我实现的经验，就可以提高自我效能，产生"自己做得到"的自信，进一步进入良性循环。

如何找到"工作核心"

坦白说，似乎还有很多人没找到自己的使命、核心和目标，之所以会这样，是因为他们到了 25 岁左右还不了解自己。很多人不知道自己喜欢什么样的工作，不了解什么样的饮食有益健康，甚至不知道和什么样的人来往比较好。如果不了解自己，就容易人云亦云，受到"同侪压力"的影响。同侪压力即与自己在年龄、地位等方面相近的平辈之间的影响力带来的压力。"朋友都去了，所以我也要去"这种想法就是受同侪压力影响的典型表现。

这一点，表现在工作上也是一样的。一旦被分派了工作，这种人便满口答应下来，然后开始行动。如果每一次都这样，那他/她只会被牵着鼻子走，然后，倦怠会让工作失去意义。

前几天，我和某位创业者碰面，想听听他的想法。但在交谈过程中，他只顾着阐述别人的意见，他说"那个人跟我说我得这么做才行""这个人又说那样做比较好"，很明显，他被别人牵着鼻子走了。或许是因为刚开始创业，他的核心还不是非常稳固，所以我提醒他别太轻易采纳别人的建议。

那么，具体要怎么做？

首先，要回顾过去。如果不能彻底弄清楚过去发生了什么，就不知道自己想要什么样的未来。

回顾的内容包括：

- ◆ 在脑海中整理现在做了什么事、有什么感受。
- ◆ 现在的工作使你开心与不开心的部分各是什么？
- ◆ 你喜欢做的事情是什么？
- ◆ 你想通过工作得到什么？
- ◆ 你为什么想得到这个东西？
- ◆ 做什么样的工作时会让你觉得"这份工作很棒"？
- ◆ 为了做"好的工作"，需要什么技能？

这么一来，你就可以逐渐厘清自己的价值观与方向。

或许你没有注意到，人类每天都处于成长中，就算今天只成长了1%，积少成多，一年下来也是个很可观的变化。因此，时常回顾过去，对过去的自己进行提问是非常重要的。

或许有人会说"那一丁点儿的成长没什么了不起"，但我认为，成长在每一个瞬间都会发生，不断累积，才能成就明天的自己。就算不是大幅度成长也没关系，请注意细微的成长，并给自己一些赞许。

下面介绍了一些帮助大家找到工作核心的有效提问。

能够发现工作核心的提问

give：想通过工作带来的东西

【愿景】

- 想通过工作为世界带来什么

- 想看见什么样的世界

- 想打造什么样的世界

【使命】

- 自己想做什么

- 自己的愿望是什么

- 自己的强项是什么

take：想通过工作得到的东西

- 为什么那个东西很重要

- 是什么支撑着你工作

- 为什么选择现在的工作

- 今年和去年相比有何成长

- 想从别人那里得到什么样的支持

大胆尝试

我建议大家多多尝试自己喜欢的与厌恶的事物。如果你暂时不知道自己想做什么事，就先到外面去，尝试做各种不同的事。

若脸书上有你喜欢的活动，可以选择在周末参加。通过和不同的人交谈，来拓宽自己的视野。如果在交谈中发现自己可能会喜欢某件事物，你就大胆尝试，如果尝试之后觉得"这很有趣"并期待再次尝试，你便可试着投入更多时间和精力。

有些东西即使没有接触过，你也会在直觉上产生喜欢与厌恶的感觉，但亲身尝试是非常重要的。不管是兴趣还是工作，当你发现"自己可能会喜欢"时，最好早点着手进行。

挑战未知，拓展世界

对于我过去完全不感兴趣的东西，如果有机会，我也会尝试挑战。比如玩游戏机。我之前对游戏机完全没有兴趣，但在参加公司的团建活动时，有一个人带了任天堂的 Wii（游戏机）来。房间里有台很大的电视机，将 Wii 与电视机连接后，我们 5 个人玩得不亦乐乎。

大家一起玩游戏时，不断发出"哈哈哈"的笑声。笑声会刺激大脑分泌催产素，这种脑内物质可以帮助我们减轻压力、提高内心的幸福感。这让我意识到，玩游戏机不仅能达到放松身心的目的，还能让团队成员间的关系更加紧密。我很期待有人可以开设一个"利用 Wii 打造团队"的工作室。

谷歌公司在运动房里摆了一张台球桌，让大家互相较量球技，就是希望达到以上效果。虽然我早就体验过与同事一起打台球并了解到它带来的好处，但完全没想到与同事一起玩 Wii 也能产生这么好的效果。

那些你过去不感兴趣的东西，如果有人邀请你一起玩，不妨试一试。有些事，在你做一次、两次时可能不那么有趣，试的次数多了，说不定就可以感受到其中的乐趣。如果真的不适合自己，也不必勉强，不过，试着接触应该不会有什么损失。

让价值观与工作核心一致

找到工作的核心有什么好处呢？那就是你可以主动出击。主动展开行动，你不仅不会疲倦，反而在行动时会更有力量。

如果想做的事和正在做的事是一致的，你就可以活力十足地工作，内心也会感到满足、充实，而不是疲倦，这就是价值观与工作核心一致的好处。

想让价值观和工作核心保持一致，就必须知道自己的价值观是什么。就算是非常体面的工作，在尝试之后，如果你发现这份工作与自己的价值观不合，我建议你不要入职。

将玩乐和工作融为一体

或许有人认为，目前的工作并不适合自己，必须换份工作才能让价值观和工作核心保持一致，这也是一种方法。不过，在此我想介绍另一种方法，让大家可以在当前就职的公司将二者保持一致，那就是将玩乐和工作融为一体。

我经常在周末工作，有时在家里校稿，有时是与职员开会。有人会说："周末还得工作，实在太可怜了！"或是："除了工作你难道没有其他的事做了吗？"我觉得这些问题有些奇怪。不管是在平时，还是在周末，我都很享受自己做的事，清楚划分工作和工作以外的事反而会让我觉得不自在。

你认为自己正在做的工作是一件苦差事吗？

"哇，好忙好忙。工作做不完，实在太辛苦了，终于到星期五了。下个星期五我要早点回家，在家里做自己感兴趣的事，把工作抛到九霄云外……"

像上面展示的言论那样，如果你在工作之外还有其他兴趣，那倒也值得高兴。如果你没有其他的兴趣，也不想回家，再加上工作又非常辛苦，你实在提不起劲儿干别的，那你的生活简直太悲惨了。如果你可以改变这样的情形，人生会更快乐。

"把自己的兴趣变成工作"这难道不是一件很棒的事吗？明确划分"工作"和"玩乐兴趣"绝对是一种莫大的损失。通过观察那些乐于工作且在工作中有亮眼表现的人，你会发现一件有趣的事，那就是这些人都很擅长"融合"。

不擅长融合的人会想"今天晚餐吃了美味的餐点犒劳自己，所以现在就忍耐一下，把工作完成吧"。但是，擅长融合的人会认为这是"一边吃着美味的食物，一边和有趣的人一起讨论工作的好时机"。

不擅长融合的人会想"最近运动不足，周末我应该去健身房锻炼一下"。而擅长融合的人则认为"坐公交或步行到达下一个地点所需的时间差不多，既然今天天气这么好，我就步行去吧"。

有了自己想做的事情后，马上把它和工作完全切割开，这样实在太可惜了。通过融合，你感兴趣的事和工作会使你感到更开心。我喜欢搜集有趣的语言，就算在看电影时我也经常会想"啊，这个比喻实在太有趣了，下次碰到正在苦恼的朋友或同事，我也可以这样和他说"，或是"在下次的会议上，我要试着说说这个故事"。

唱 rap 也可以变成工作？

事实上，我目前正在挑战唱 rap（说唱歌曲）。

我有一个朋友，名叫沼田尚志，他是一位 rap 歌手。沼田先生经常举办与 rap 有关的活动并邀请不同领域的人参加。他曾办过一个名为"上班族 rap"的活动，真的非常有趣。参加活动的上班族会用 rap 唱自己目前从事的工作。音乐、工作和交流会自然地融为一体，令人印象十分深刻。

我不擅长唱歌，也不太喜欢唱卡拉 OK，但 rap 却勾起了我强烈的兴趣。

即兴编写朗朗上口的歌词是很好的大脑训练方法，如果你能即兴写出精彩的歌词，实在是一件很酷的事。如果某一天，我在讲座上突然开始唱 rap，应该会非常有趣吧。

因为工作忙碌就放弃了自己感兴趣的事，真的很可惜。如果时间有限，那么只要把你觉得有趣或感兴趣的事和其他事情加以融合、一起享受就可以了。

也许你不喜欢唱 rap，但是，你可以在当前的工作中增加一点"有趣"的元素，同时，试着思考如何将自己喜欢的事穿插在工作中，如此，二者的核心便可慢慢一致。

在我的公司有 3 个理念：

◆ 像玩乐般工作。

◆ 提出前所未有的做法。

◆ 提供超出预期的事。

其中，关于"像玩乐般工作"，我提出了"讨论事情时，讲笑话也要和发言一样认真""要积极挑战不同的意见""觉得疲倦时，尽管说出来"等行动指南。

如果团队中有人可以开心地工作，周围的人对工作的想法和行动也会有所改变。

在这世上，几乎所有在工作上有出色表现的人都清楚自己的工作核心。有些人工作的方式虽然比较奇特，但他们都知道自己想做的事是什么，并依此来规划工作；他们也都非常重视自己的价值观，并立足于此开展工作。能做到这两点，关键在于"建设性的事前沟通"和"建设性的坚持"。

"事前沟通"这个词我们并不陌生，也很容易做到，比如，在会议开始前进行沟通，提前了解对方在想什么，会议会进行得更加顺畅，这就是"建设性的事前沟通"。

"建设性的坚持"也一样，对于自己认为重要的事，你

工作理念

像玩乐般工作

——说话需要幽默感

——常说"请"和"对不起"

——积极挑战不同的意见

提出前所未有的做法

——连自己都没有实践过的事就不要提出来

——自己决定自己的 KPI

——乐意接受新的失败

提供超出预期的事

——要比竞争对手更早一步做出预测

——提出新的点子，让竞争对手陷入混乱

——否定提案时要有自己的策略，并给出替代方案

要严格遵守其发展规律。让自己感到不舒适或者限制个人生产力的人或事，你也要坚持远离。举个例子，如果和坐在工位附近的人不太合得来，导致自己的生产力下降，那最好就不

要再接触那个人。如果上级不愿意保护自己，那最好可以主动申请调到其他部门，如果整个公司都存在这个问题，换个工作可能是更好的选择。最好选择可以让自己成长、能发挥自身能力的环境。

我发现，日本职场上的成功人士虽然表面上可以和上级和平相处，但他们其实都抱有建设性坚持。

并不是所有人都能做到大胆发言，有些人在一开始发表自己的意见时，可能会感到不安。但是，只要你的意见是合理的，于别人也有益，那么周围的人通常都会伸出援手支持你。

比如，煤炉公司的小泉文明社长决定要请育儿假。为了解决在育儿假期间无法到公司处理工作的问题，煤炉公司便开始使用线上办公模式，这样即使远距离也可以工作，不至于因请假让工作完全中断。这一举措的公布，除了得到全体员工的支持外，也受到了客户的认可。

请试着提出建议，试过之后，说不定会意外地得到其他人的支持。

提高自己的单位时间价值

作为职员，你必须明白，努力工作的最终目标是提高自己在单位时间里的产出价值。

在过去的工厂制造业，大家做着相同的工作，工时一样，时薪一样，单位产出价值也一样，如果想让自己的总产出更高，只能多劳多得，别人做 5 个小时，而你做 15 个小时。

但在现在和未来，我们要以在短时间内提高产出为工作目标，这就是向好的方向发展。比如，就算要跳槽，也必须跳到一个更好的公司。

我曾多次跳槽，跳到一个更好的地方除了可以给你带来可观的薪水，对自身的发展也会更有利，比如，你学习新事物的机会变多、职位晋升的空间变大、负责的范围变广，这便是好的跳槽带来的好处。

被谷歌挖走时我正任职于摩根士丹利公司，我通过网络通信软件和一位非常照顾我的主管联络，并将此事告诉了他。

我对他说："有人来挖人，我可能会辞职。"

对方问我："你要去哪里？"

"谷歌。"我回答。

"如果是谷歌，那当然要去。"

也就是说，新的机会使你的市场价值变大，所以当然要把握住。

有了市场价值之后，靠着个人积累的口碑和打造的品牌，自然会有工作找上门。我现在成立了自己的公司，出版书籍、接受采访，就算不在宣传上花费心力，也不断有订单找上门，因为我提高了自己的市场价值。

前几天，某家金融机构邀请我参加一个研讨会，因为事发突然，我有点不太想去，但对方说："我们非常希望您可以抽出 1 个小时的时间，但出场费预算只有这些，不知您是否介意？"而他们给出的出场费，是我预期的 5 倍之多。

由此可见，良好的口碑和品牌优势可以为我带来收益。

不了解自己的市场价值

如果你一直做不正确的事，就算很有效率地开展工作，你的市场价值也不会提高。

但是，如果可以通过增加信赖存款、提高市场价值，以飞跃的速度实现自我超越，你的身价也会跟着提高。

想提高身价，有许多种不同的方法。最重要的是，你要明确自己的使命。如果这个使命可以联结到许多人，让彼此产生共鸣，接下来你就能拓宽人脉，遇见可以帮助自己、让自己继续成长的人。

重要的是，请先决定自己的使命是什么，然后再寻求不疲倦的工作方式。

小　结

□ 思考工作上的"give and take"。

□ 找到工作核心。

□ 让工作核心和价值观一致。

□ 思考如何将玩乐与工作融为一体。

结　语

最后，我想讲一讲我自己的故事。

1970 年，我出生于波兰，我身边的人都认为当一个工匠，在国有工厂工作、领着差不多的薪资是理所当然的事。从 1981 年 12 月开始，波兰经济遭到封锁，整个国家变得非常贫穷。超市里几乎没有什么物资，放在商品架上的只有面包和醋。这样的生活持续了很久。

1989 年，我 19 岁，柏林墙倒塌，波兰进入资本主义世界，所有人都认为只要努力工作就一定可以领到薪水。大家都期待着未来可以过上富裕的生活，然而，事实却与之相反。

为了把德国的产品卖到波兰，德国的企业以几乎为零的价格并购了波兰的国有工厂，然后开除了所有员工并将工厂全部关闭。在我的家乡有许多人都在国有工厂工作，工厂倒闭后，社会失业率攀升近百分之百。

我有两个哥哥，他们两个同时失去了工作。头脑聪明、人长得又帅的大哥得了酒精戒断症，最后因醉酒发生交通事故，不幸身亡。这个聪明帅气的男子的一生就这么被毁了，我完全无法接受。

波兰从过度极端的共产主义，发展成过度极端的资本主义。这让我已经无法信任社会系统了。我从心底里认为，只能依靠自己来改善家人的生活。

从这个角度来看，日本是一个非常幸运的国家。一直以来，日本的经济状况发展都比较稳定，不管努力与否，职员都可以得到相当可观的报酬。就算没有想做的事或是想要的东西，只要依照父母、老师或上级的指示来做，他/她就可以活得很好。

因此，就算你不了解自己、不自我揭露，也能在日本活得很好。

拥有系统性思考

对现在的日本人来说，我认为最危险的一件事，就是缺乏系统性思考。

系统性思考，指将自己和社会联结起来加以思考。比如，如果你觉得自己现在的工作很无聊，那么你就要思考：这是什么原因造成的呢？你要怎么做才会变得开心？公司和社会该变成什么模样？但日本人普遍缺乏思考以上这类问题的习惯。

很多日本人只关心自己眼前的工作，特别是许多就职于大企业的人，对"世界中的日本"的意识非常薄弱。

请大家试着想一想，即使生产力很低，日本 GDP 的排名现在还是全球第三。日本和世界有紧密的联系，日本的跨国企业与各个国家进行交易，日本的经济依然对世界经济有较大的影响。

当有日本大型企业濒临破产时，总会出现这样的声音："在那家公司工作的员工好可怜啊！"或："日本的经济以后会变成什么样呢？"

但是，就算日本的大型企业破产了，员工也不会受到影响，特别是在东京。东京的工作机会非常多，便利商店总是在招聘工作人员。在日本，就算失业你也不会饿死。

但这是日本的状况，还有很多国家的经济情况并不乐观。

在俄罗斯、巴西等国家，有很多乡镇只有一个工厂，几乎所有居民都在这一家工厂上班。当工厂倒闭后，在工厂做工的乡镇居民就会一起失业。有的国家甚至出现过 5000 人、10000 人一起失去工作的情形。

美国的底特律也一样。虽然底特律的汽车产业曾经相当发达，但后来因为这里没有汽车工厂了，底特律也变得宛如空城。

与世界有紧密联系的企业往往只稍作调整，就会改变许多人的一生。当我听到那些在这样的企业工作的上班族还在不断抱怨"工作好辛苦"时，我就会非常生气。

工厂倒闭虽然主要是经营不善导致的，但如果在工厂工作的人都能发挥很高的生产力，或许工厂就能改变倒闭的命运，也能让许多人过着凭借劳动力获取报酬的生活。然而，很多人只想着自己眼前的工作，从没往这方面想过，甚至得过且过，这种心态非常危险。

在谷歌这样的跨国企业中，员工经常和中国、日本、美国、印度等国家的人一起工作，所以他们会很自然地意识到自己所在的公司与世界是紧密联系的。

至于在日本工作的上班族，我认为，他们当中的很多人总是以自我为中心，只看得到眼前的工作。事实上，不管是在日企工作还是在其他国家的企业工作，都可能和整个世界产生联结。或许只是件很小的事情，但你确实能为世界带来影响。

衷心期待大家可以找到让自己忘记"疲倦"的工作方式。

诚挚欢迎读了本书后感觉很有趣的朋友浏览我的脸书和推特（Twitter），和我一起改变世界。

最后，我要对为创作本书提供帮助的山路达也先生、苍井千惠小姐、青木千惠小姐、青野诚先生、阿部真纪小姐、新井杏小姐、石田梓小姐、池原真佐子小姐、井上一鹰先生、井上广法先生、大野将希先生、小川淳小姐、片贝朋康先生、上条美澄小姐、岸本忍小姐、栗城史多先生、志水静香小姐、世罗侑未小姐、染谷亚记子小姐、羽田幸广先生、林要先生、早野勇辉先生、平原依文小姐、星野珠枝小姐、殿冈弘江先生、沼田尚志先生、丸山哄小姐、八木春香小姐，由衷地献上我最诚挚的谢意。

彼得·费利克斯·格日瓦奇

图片版权说明

本书 70 页图片（饭团）（沙拉）来自网站：https://pixabay.com；
70 页图片（鸡肉）来自网站：https://www.freepik.com。